QUIROPRÁTICA (CHIROPRACTIC)

– Um manual de ajustes do esqueleto –

3ª edição

Advertência

Este trabalho se destina a profissionais da saúde, habilitados a executar manipulações e ajustes científicos nas diversas estruturas humanas. Não nos responsabilizamos, portanto, pelo uso indevido das informações aqui contidas.

A autora

Dados Internacionais de Catalogação na Publicação (CIP)
(Câmara Brasileira do Livro, SP, Brasil)

Castro, Elza A.
    Quiroprática (chiropractic): um manual de ajustes do esqueleto / Elza
A. Castro. – São Paulo : Ícone, 2008.

    Bibliografia.
    ISBN 978-85-274-0994-0

    1. Quiroprática I. Título.

                                                    CDD-615.534
99-1961   NLM-WB 905

Índices para catálogo sistemático:

1.   Quiroprática: Terapêutica   615.534

ELZA A. CASTRO

Diplomada em Quiroprática, Terapia Bio-cranial e Osteopatia Visceral pelo IBRAQUI – Inst. Bras. de Quiropatia (1982/1985), (1992/1997). Cursou Kinesiologia na Índia e na França. Atuou como secretária executiva da ANQ – Associação Bras. de Quiropatia no biênio 1997/1998. Presidente da Comissão Brasileira de Quiropráticos Pioneiros – grupo que trabalha pelo reconhecimento profissional da categoria e pela regulamentação da Quiroprática no Brasil, desde 2000.

QUIROPRÁTICA
(CHIROPRACTIC)

– Um manual de ajustes do esqueleto –

3ª edição

Ícone editora

© Copyright 2008.
Ícone Editora Ltda

Capa
Andréa Magalhães da Silva

Ilustrações
Marcelo Gomes de Souza

Modelos
Soraya Mancini Landim
Sandra Regina Lima

Fotos
Yuri Christianmine

Produção
Rosicler Freitas Teodoro

Revisão
Antônio Carlos Tosta

Todos os direitos reservados pela
ÍCONE EDITORA LTDA.
Rua Anhanguera, 56 – Barra Funda
CEP 01135-000 – São Paulo – SP
Fone/Fax: (11) 3392-7771
www.iconeeditora.com.br
e-mail: iconevendas@iconeeditora.com.br

Algumas Palavras

Quando iniciei meu trabalho em Quiroprática pude notar que a maioria de meus colegas, também me incluo, sentia uma grande insegurança no procedimento da anamnese e de alguns ajustes mais delicados, principalmente de cervical.

Formamos então um grupo de estudos, que se reunia uma vez por semana, para troca de experiências, no intuito de eliminar essa necessidade de mais informação e melhor treinamento, propiciando um clima de solidariedade e crescimento para cada um.

Com o decorrer do tempo, fui desenvolvendo um estilo mais organizado e mais individual de trabalho, me relacionando com profissionais e organizações de outros países, tendo acesso a novas fontes de informação, que me possibilitaram melhorar o nível de acompanhamento do processo de cada paciente e observar os resultados diferenciados para cada tipo de pessoa, selecionando assim, ajustes mais adequados para cada caso.

O resultado deste trabalho é o que apresento neste manual, cujo único objetivo é ajudar a desfazer aquelas dúvidas levantadas e discutidas exaustivamente, na maioria das vezes sem chegar a conclusão razoável alguma, por absoluta falta de informação.

Meu projeto inicial, bem modesto e simples, foi sendo alterado por exigência do tema, que requeria cada vez mais e melhor fundamentação, até tomar esta forma definitiva. Os tópicos de Anatomia e Fisiologia aqui expostos, são apenas os essenciais para a explicação e o entendimento desta técnica, da qual sou uma eterna aprendiz.

Aproveito a oportunidade para agradecer às pessoas que tornaram possível este trabalho, colaborando direta ou indiretamente, sempre com boa vontade, alegria e dedicação.

Meu especial agradecimento aos incansáveis Lígia, José Roberto, Sandra, Soraya e Veep, meus pacientes que posaram tão "pacientemente" para as fotos, nas diversas versões; aos responsáveis pelas várias revisões, Dr. Marcelo Moreira e Anselmo Donófrio; ao Yuri e à minha amiga Júlia Pap, que me assessoraram na parte fotográfica e, finalmente, ao meu querido mestre Matheus de Souza, pois sem a base dos seus ensinamentos, nada disto seria possível. Obrigada a todos!

Elza

Prefácio

Fiquei orgulhoso ao receber a incumbência de dizer algumas palavras sobre este trabalho, que seguramente será um marco na história da Quiropatia no Brasil.

Durante as últimas décadas, havia pessoalmente assumido a incumbência de divulgar e ensinar a nossa profissão, por todos os meios disponíveis, àqueles que se interessassem pelo assunto. Hoje já não estou sozinho. Foi preciso esperar mais de vinte anos, para que as sementes começassem a dar frutos.

Falo nada mais nada menos do que da primeira obra escrita por uma profissional a quem tive a oportunidade de transmitir os primeiros conceitos desta maravilhosa ciência e arte que é a Quiropatia. Nossa querida Elza cresceu e enriqueceu de tal maneira seu conhecimento, que fiquei duplamente satisfeito e orgulhoso ao ver o presente livro, de tê-la no passado como aluna e hoje como colega e companheira de luta na divulgação de nossa profissão.

Vejo-a primeiro, como uma profissional competente que soube aproveitar os caminhos sugeridos. Alçou vôo próprio e hoje nos brinda com esta obra que será, tenho certeza, um excelente guia não só aos colegas de jornada, mas também àqueles que iniciam agora os primeiros passos nesta profissão, cujo futuro em nosso país, está apenas começando.

Um livro é como um filho. Tem alma própria. Se bem germinado, seguirá pelo mundo cumprindo sua missão. Tenho certeza, Elza, que você será uma bem-aventurada por ter gerado este filho.

M. Matheus de Souza

Índice

CAPÍTULO 1

A HISTÓRIA DA QUIROPRÁTICA

A manipulação do corpo humano, visando o restabelecimento da saúde e bem-estar, é tão antiga quanto a própria história da humanidade, como atestam inúmeros documentos.

Gravuras rupestres em grutas do sul da França, remontando a 17.500 a.C., mostram a utilização de manipulações rudimentares.

Viajantes e mercadores registraram o uso de Terapias Manipulativas na China em 2.700 a.C.

Desenhos atestam o uso de manipulações terapêuticas pelos povos ameríndios: Astecas, Toltecas, Maias, Oltecas e Incas.

Existem, ainda, relatos de seu uso nas medicinas tibetana, nepalense, grega, árabe, egípcia etc.

Hipócrates, 460–340 a.C., o pai da medicina, dizia que a cura é um processo de dentro para fora, que existe um poder dentro de nós, um princípio vital, que desencadeia um processo natural de cura. Ele pressentiu a importância da coluna vertebral, pois dizia que muitas das doenças eram causadas por seu estado defeituoso: "A arte da terapia vertebral é antiga... Tenho em grande estima aqueles que a descobriram bem como os que me sucederão de geração em geração e cujos trabalhos contribuirão para a arte natural de curar". (De Articilis, parágrafo 47)

A terapia de Hipócrates foi praticada por 5 séculos.

Apolonius de Kitium, médico em Alexandria no séc. I a.C., relata no comentário ilustrado "Das Articulações", a importância da coluna, para uma boa saúde.

O físico grego Claudius Galén, 160 anos d.C., mais tarde cognominado o pai da fisiologia experimental, dizia: "Veja o sistema nervoso como a chave da boa saúde". (De Locis Affectis, livro I, parágrafo 6)

Galén tinha um discípulo, Eudemus, que sofria de paralisia num braço e mão, e foi curado pelo mestre, com uma manipulação cervical.

Os Ciganos europeus, 1.100 d.C., curavam dores nas costas, andando sobre a região dolorida.

Com a dissolução do Império Romano, e a alteração dessa cultura, a Terapêutica Vertebral caiu no esquecimento, sendo lembrada apenas vez por outra, como num artigo publicado por Sir James Paget no British Medical Journal, em 1867, intitulado "Casos em que o ajuste ósseo pode curar".

A FUNDAMENTAÇÃO DA QUIROPRÁTICA

Até o século passado, os responsáveis pela saúde da população eram, na grande maioria, médicos clínicos e físicos (que permaneciam nos grandes centros); missionários religiosos, que tinham sob sua responsabilidade a saúde física, moral e espiritual da população; e, de maneira geral, os ambulantes que iam com seus carroções de um lugar para o outro atendendo os que necessitassem de seus serviços. Eram assistidos na maioria das vezes por um filho, aprendiz do ofício, que acabava herdando o negócio e sua clientela, quando não mais tivessem possibilidade de exercer a função.

Os procedimentos normais para essa época eram as sangrias, ventosas, extrações de corpos estranhos, suturas, cirurgias, amputações, imobilizações de fraturas, além da coleta de ervas e outros elementos que transformavam em elixires e poções para todas as doenças da época.

Esse conhecimento era baseado, até o período da RENASCENÇA, em três movimentos científicos e para que fique mais claro vamos conceituar rapidamente cada uma das ciências mencionadas nesse capítulo.

Retroquimismo – o estudo do conjunto de combinações químicas de um organismo; Retromecanismo – estudo das estruturas conforme as leis da mecânica; e o Vitalismo – teoria filosófica-biológica em que os seres vivos possuem uma força particular (força vital) que dá origem aos fenômenos vitais.

Da união de duas dessas correntes (o Retroquimismo e o Vitalismo) surgiu no século XVIII, a HOMEOPATIA – doutrina terapêutica baseada na idéia de que os sintomas das doenças devem ser combatidos com os medicamentos capazes de provocar os mesmos sintomas numa pessoa sadia. A Homeopatia – criada por Samuel Hannemann – obedece a dois princípios: o da Semelhança – os medicamentos exercem sobre o organismo uma ação dinâmica, igual à força vital – e da Dinamização – doses muito pequenas, para não agravar os sintomas que se quer combater.

Com a evolução do pensamento humano e a sutilização do conhecimento científico, o Retromecanismo foi se modificando, surgindo a partir dele, a Clínica Médica – a aplicação dos conhecimentos médicos desde o diagnóstico ao tratamento das enfermidades; a Físico-química – a ciência que estuda as propriedades dos elementos e compostos, as estruturas físicas e a relação entre a energia e as mudanças físicas e químicas; e a Histologia (Bichat em 1801) – ciência da composição anatômica e química da estrutura, formação e destruição dos tecidos.

Da interação dessas ciências surgiu no séc. XX, na década de 40, a ALOPATIA – método terapêutico que usa medicamentos, cuja ação sobre o homem deve ou deveria não produzir fenômenos mórbidos. É antônimo de Homeopatia.

A evolução do Retromecanismo e do Vitalismo foi, com o passar dos séculos, inspirando novos pensamentos, que deram origem a outras ciências: a Teologia – seu conceito inicial, era baseado na teologia científica de Aristóteles que foi transmitida até o séc. II, nas Escolas Teológicas do Oriente (Capadócia, Jerusalém, Cesaréia, Antióquia e Alexandria), depois foi traduzida para o latim, para o árabe e de novo para o latim, perdendo seu conteúdo original; Anatomia – o estudo das partes internas dos seres vivos.

Cirurgia – parte da medicina que trata da cura das doenças por meio de operações. Na antiguidade eram executadas cirurgias rudimentares com fins mágicos, supersticiosos ou curativos. Mecânica – a ciência que trata da interação entre a matéria e as forças que nela atuam. Entre suas divisões, encontramos a Estática – o estudo dos sistemas em repouso (forças internas em estruturas) – e a Dinâmica estudo dos sistemas em movimento sob alguma influência. Elétrica – o fenômeno resultante de uma carga elétrica e os efeitos que produz quando esta se desloca como corrente. Existem dois tipos de carga que estão associados com partículas subatômicas: o elétron (de carga negativa) e o próton (de carga positiva).

Esse embasamento deu fundamentação à MEDICINA MANUAL, com os ajustes científicos da OSTEOPATIA e da QUIROPRÁTICA no séc. XIX.

OS AJUSTES CIENTÍFICOS

No século passado, nos Estados Unidos, duas pessoas e os acontecimentos que as envolveram, trouxeram de volta o tão antigo uso das manipulações. Foram elas:

ANDREW TAYLOR STILL (1828-1917), um virginiano radicado no Kansas, que foi instruído em medicina por seu pai, o reverendo Abram Still, da Igreja Metodista. Naquele tempo, devido à falta de escolas de medicina nos Estados Unidos, era comum o aprendizado através de instrutores, como já vimos.

Still, respeitado como grande conhecedor das estruturas do corpo humano, chegou a ser profissionalmente cirurgião do exército, ocupando o posto de capitão durante a guerra da secessão. Em 1864, uma epidemia de meningite dizimou sua família. Desiludido com sua impotência diante da tragédia, começou a usar exclusivamente técnicas de manipulação, relacionando estrutura e função, pois compreendeu que só através deste relacionamento poderia entender e curar as disfunções do corpo, isto é, a doença.

A essa nova técnica chamou OSTEOPATIA e obteve excelentes resultados, porém, devido ao preconceito da classe médica, não teve muitos seguidores.

DANIEL DAVID PALMER (1845-1913), nasceu em Port Perry, Ontário, Canadá, em 7 de março. Seu pai, americano, tinha uma mercearia e como os negócios iam mal, retornou aos Estados Unidos. Daniel, então com 11 anos e o irmão mais novo com 9, ficaram para trás, trabalhando numa fábrica de fósforos.

Em 1865, Daniel e seu irmão, foram encontrar a família radicada no Iowa. Já nos Estados Unidos, aprendeu apicultura e trabalhou em uma mercearia, enquanto aprimorava sua educação. Era autodidata, como a maioria na sua época e interessava-se pela cura magnética que conheceu através dos trabalhos de Paul Caster – "Um campo magnético circunda todos os corpos, e as doenças menos importantes podem ser curadas interferindo-se nesse campo." Portanto, Daniel começou a trabalhar na cura com as mãos. Os resultados foram excelentes e ele compreendeu que para curar não necessitava de drogas. Dentro dessa Filosofia, dirigiu uma enfermaria com 14 quartos e os resultados continuaram sendo bons, o que o levou a entender que estava no caminho certo e que esse conceito poderia mudar a imagem da medicina.

O CASO DO PORTEIRO

Um dia, em 1878, trabalhando numa posição forçada, Harvey Lillard sentiu algo estalar em seu pescoço. Dias mais tarde ficou surdo.

No dia 18 de setembro de 1895, o Sr. Lillard contou a história ao Dr. Daniel David Palmer, que praticava em Davenport, Iowa, USA, trabalhando no mesmo edifício onde o Sr. Lillard era porteiro.

Dr. Palmer examinou sua coluna vertebral e encontrou um pequeno "calombo" no lugar onde ele havia ouvido o estalido. Percebendo que essa saliência era provocada por uma vértebra fora do alinhamento natural, Dr. Palmer convenceu o Sr. Lillard a deixá-lo colocar essa vértebra em sua posição correta. Ele empurrou essa saliência, ouviu-se um estalido, e, em seguida, o "calombo" desapareceu. Alguns dias depois, o Sr. Lillard recuperou a audição e a CHIROPRACTIC nasceu desse acontecimento.

OS PRIMEIROS PASSOS

Quando o porteiro recuperou a audição, Dr. Palmer pensou ter encontrado a cura para a surdez. A notícia do "milagre" se espalhou rapidamente, causando grande alvoroço e trazendo uma infinidade de doentes ao seu consultório. Ajuste após ajuste iam acontecendo outros "milagres", dando origem a inúmeras controvérsias, porém o bom senso nos leva a supor que em muitos casos em que se creditava à quiroprática curas mirabolantes, havia de fato, erro no diagnóstico inicial. O médico formulava um parecer de que o paciente tinha um problema cardíaco, por exemplo, quando na realidade a dor no peito era causada por um problema intercostal, portanto, quando Dr. Palmer efetuava o ajuste intercostal, resolvia a dor "cardíaca", porque na realidade ela era apenas o efeito, não a causa do sintoma.

Dr. Palmer iniciou em seu consultório, a prática e ensinamento dessa nova técnica e em 1902 graduou a primeira turma de 15 quiropráticos.

Seu trabalho foi tão importante e o número de praticantes aumentou tanto, que o uso dessa nova técnica se espalhou rapidamente pelos Estados Unidos e Canadá.

Em 1906, com a ajuda de seu filho Barlet Joshua – mais conhecido por B.J. Palmer – fundou em Davenport, o Palmer College of Chiropractic, atualmente, um dos maiores dos Estados Unidos.

No início, os estudantes graduados pelo Palmer College abriam seus consultórios sem a devida licença e, como resultado disso, tanto Dr. Daniel Palmer quanto seus alunos foram presos e multados sob a acusação de prática ilegal da medicina. Essa situação durou até que, em 1907, no estado do Wisconsin, o Dr. Shegataro Moribuko, foi preso e processado pelo mesmo motivo, sendo histórica a decisão da corte: para o juiz e os jurados, o Dr. Moribuko não estava praticando medicina, mas sim, uma nova forma de tratamento de saúde, a QUIROPRÁTICA.

Seis anos depois (1913), a profissão foi regulamentada por lei no estado do Kansas e posteriormente em outros estados.

ORIGEM DA PALAVRA

Conselheiro e paciente do Dr. Palmer, o reverendo mórmon Samuel H. Weed, sugeriu então um nome para a nova técnica, tirando-o do grego:

CHEIR (Chiro) + *PRAKTIKOS* (Practic)

CHIROPRACTIC (diga CairopraTIC) = done by hand

CHIROPRACTOR (diga CairopracTOR)

Em Português: QUIROPRÁTICA / QUIROPATIA = Prática manual

QUIROPRÁTICO OU QUIROPATA = O que pratica com as mãos

A PROFISSÃO NOS DIAS ATUAIS

Hoje, nos Estados Unidos, existem aproximadamente 55.000 Doctors of Chiropractic (Doutores em Quiroprática), fazendo dessa profissão, o segundo maior segmento profissional, entre as três principais artes de cura: Medicina, Quiroprática e Odontologia, sendo que é, de longe, a maior dentre as terapias naturais.

No passado, para se formar em quiroprática, era necessário cursar uma das 18 universidades americanas. Hoje já existem escolas no mesmo padrão na África do Sul, Austrália, Canadá, Coréia, Dinamarca, França, Inglaterra, Japão, México e Nova Zelândia, que ensinam a profissão a mais de 10.000 estudantes/ano.

NO BRASIL

Em 1924 radicou-se em São Paulo, William F. Fipps, DC, americano, que atendeu durante 24 anos, à Rua Barão de Itapetininga, 10.

Em 1945 estabeleceu-se à Rua Piauí, também em São Paulo, Henry Wilson Young, DC, que tinha entre seus pacientes o Sr. Avelino Vieira, fundador do Bamerindus.

O Sr. Avelino, encantado com o resultado de seu tratamento, patrocinou a vinda de um grupo de quiropráticos veteranos da 2ª Guerra Mundial, que iniciou em Curitiba, na sede da Associação de Renovação Biológica, o primeiro curso dessa ciência, arte e filosofia no Brasil. Entre os alunos, estava Manoel Matheus de Souza, o primeiro brasileiro a abraçar essa profissão. Matheus divide seu tempo entre o *IBRAQUI – Instituto Brasileiro de Quiropatia* – onde ministra cursos livres, a *ANQ – Associação Nacional de Quiropatia* – da qual é o presidente, além de coordenar o primeiro *Curso Profissionalizante no SENAC*, de cujo quadro de docentes tenho o privilégio de fazer parte.

Há ainda a *ABQ – Associação Brasileira de Quiropraxia* – que congrega uns poucos membros formados nos Estados Unidos, presidida pela Dra. Sira Borges, de Ilhéus, BA. Como última notícia, não posso deixar de mencionar uma experiência de ponta, altamente significativa para nós: a FEEVALE de Novo Hamburgo, RS, e o *Palmer College of Chiropractic*, estão realizando em parceria, o primeiro curso universitário no país, para profissionais da área de saúde. As aulas ministradas pela Palmer, via Internet, têm tradução simultânea e monitoramento de profissionais americanos. A primeira turma, fruto desta integração, se graduará já em 2000.

Por todas estas razões, estamos muito esperançosos quanto ao futuro de nossa profissão, também aqui.

O ENSINO

Em apenas 104 anos de existência, a quiroprática tornou-se a maior profissão de saúde em ciências não médicas do mundo, com um currículo universitário do mais alto gabarito. É a única profissão manual que tem ensino convencional uniforme, autônomo e independente, em todas as faculdades. Essa formação depende diretamente do *Council on Chiropractic Education dos Estados Unidos, Austrália e Canadá,* que controla, regulamenta e uniformiza esse ensino em todas as escolas.

Sua formação universitária, principalmente nos Estados Unidos, é de 4 anos, com carga horária de 6.000 horas (tempo integral) e presença obrigatória em todas as disciplinas.

As matérias, além das ciências básicas – Anatomia, Bioquímica, Dissecação, Fisiologia, Nutrição etc. – incluem ciências clínicas – Biomecânica, Diagnóstico, Neurologia, Radiologia etc., ciências humanas – Fisiologia e Psicologia – e ciências quiropráticas.

É uma profissão da área de saúde, tida como de "primeiro contato", fazendo parte integral do sistema de saúde pública e privada.

AS ESTATÍSTICAS MOSTRAM QUE A QUIROPRÁTICA É A MEDICINA DO TERCEIRO MILÊNIO

- De cada 100 pacientes americanos tratados com terapia manual, 95 são ajustados por Quiropráticos.

- São efetuados cerca de 1 milhão de ajustes por dia nos Estados Unidos.

- 78 milhões de americanos consultam com regularidade, os 55.000 Quiropráticos.

- Desde o presidente Nixon eram destinados 2 milhões de dólares/ano, para a pesquisa quiroprática.

- O presidente Clinton ampliou essa quantia para 175 milhões de dólares.

- São destinados às bolsas de estudo, para cada Universidade de Quiroprática nos Estados Unidos, 250.000 dólares/ano.

- Foi feito um estudo comparativo na Itália, com 17.000 pacientes com lombalgia. O grupo que usou quiroprática, teve seu tempo de hospitalização reduzido em 87,6% e o tempo de ausência no trabalho em 75,5%.

- Num estudo desenvolvido com 100 pacientes, pela AV MED – a maior HMO (organização de saúde) do sudoeste americano – foram separados 17 pacientes com "deslocamentos de discos", 12 deles com necessidade de cirurgia. Todos foram corrigidos por ajustes quiropráticos, sem operação. A AV MED poupou cerca de 250.000 dólares.

- Um estudo feito no Oregon sobre indenizações relativas a doenças de trabalho, concluiu que os pacientes sob cuidado de quiropráticos, reduzem o tempo parado e os custos com cuidados médicos em 50,9%.

- Nos Estados Unidos, observações clínicas de dois hospitais vizinhos, demonstraram que o hospital que usava tratamentos quiropráticos, dava alta aos seus pacientes de Ortopedia em 5 ou 7 dias, enquanto que no hospital que não usava tratamentos de Quiroprática a alta se dava em 14 dias. Esse estudo foi feito por um dos maiores ortopedistas de Chicago.

- Nos Estados Unidos, o tratamento de Quiroprática é tão confiável, que o Seguro de Responsabilidade dos Doutores em Quiroprática, custa de 5 a 10 vezes menos que o dos médicos. É tão livre de riscos que até os recém-nascidos recebem ajustes.

- O relatório do Dr. Tom Meade, diretor do departamento de epidemiologia do Medical Research Council, publicou em 1995, no British Medical Journal, um trabalho comparativo dos tratamentos quiroprático e médico, no caso das lombalgias. A conclusão foi esta: "O tratamento quiroprático é efetivamente superior ao tratamento médico, incluindo manipulações vertebrais, especialmente no caso das lombalgias severas ou crônicas. Sendo que seus benefícios são ainda mais notáveis, 2 anos após o término do tratamento".

- A Organização Mundial de Saúde nomeou o *Life Chiropractic College* como o único Centro Mundial de Coordenação para o Estudo da Lombalgia.

- Desde 1992, os Doutores em Quiroprática estão presentes como oficiais do serviço de saúde das Forças Armadas Americanas.

- A Quiroprática é a Segunda profissão de saúde nos Estados Unidos e Canadá.

- Desde 1993, mais de uma centena de grandes hospitais americanos têm um atendimento de Quiroprática perfeitamente integrado com o atendimento médico.

- Nos Jogos Olímpicos de Barcelona, 17 Quiropráticos foram nomeados oficialmente pelo Comitê Olímpico Internacional.

- Nos Jogos Olímpicos de Atlanta, dezenas de Quiropráticos participaram oficialmente.

- As excepcionais instalações da Life University of Chiropractic de Atlanta serviram de centro de treinamento, preparação e apoio para atletas de todo o mundo.

- Atletas de nível internacional, de todas as modalidades esportivas, procuram cuidados quiropráticos, porque permite melhorar sua performance sem uso de medicamentos, reduzindo sensivelmente seu tempo parado.

- Para finalizar, a quiroprática é oficialmente reconhecida e adotada como terapia de primeiro contato em 65 países. Por terapia de primeiro contato entendemos que, quando alguém sente dor ou desconforto, sem motivo aparente, começa a investigação do problema, pesquisando se o mal-estar é motivado por um desajuste na estrutura óssea – vértebras e juntas – e/ou um pinçamento nervoso.

CAPÍTULO 2

ESTRUTURA DA COLUNA VERTEBRAL

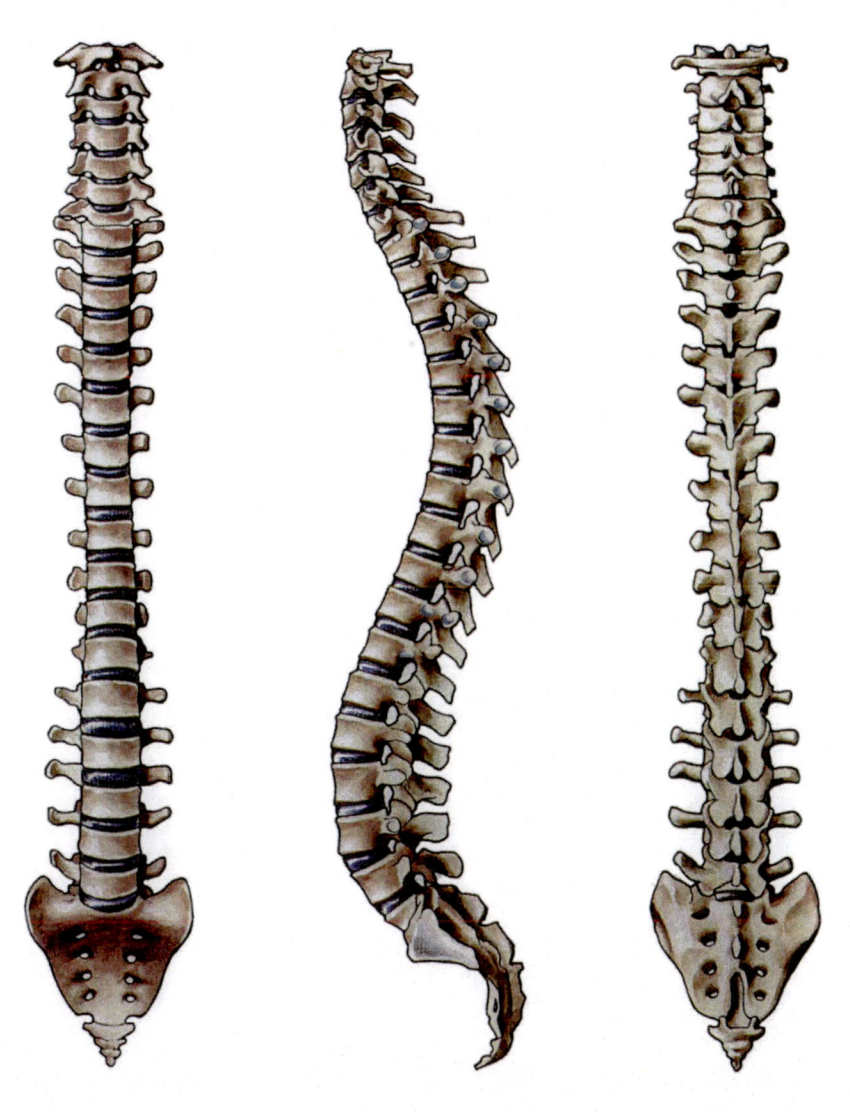

Coluna Vertebral
(vistas anterior, lateral e posterior)

A estrutura da coluna vertebral consiste de 33 segmentos (vértebras), agrupados em quatro regiões distintas: cervical, torácica ou dorsal, lombar e pélvica. Para um bom desempenho, a coluna necessita ser bastante forte, pois tem as seguintes funções: suportar o peso da estrutura muscular, proteger a medula, suas raízes nervosas, órgãos e vísceras e, além de tudo, manter-se flexível, permitindo boa movimentação e o equilíbrio do corpo humano.

A REGIÃO CERVICAL

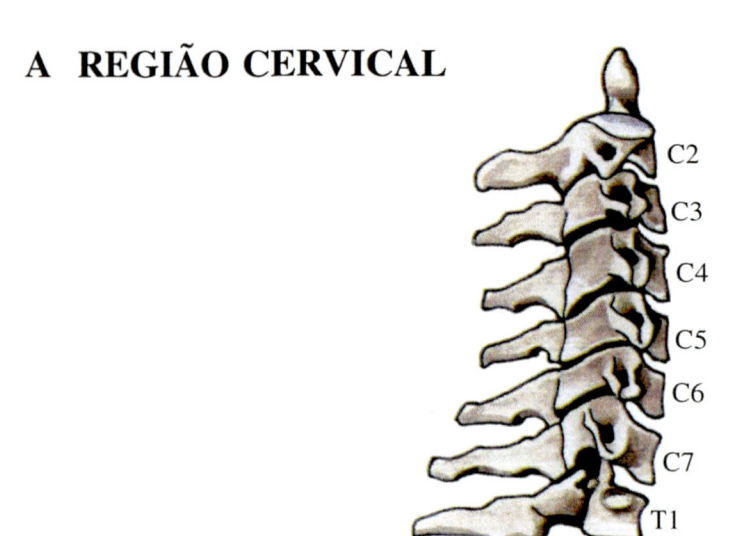

Região Cervical
(vista lateral)

A **Região Cervical** é constituída de sete vértebras. A primeira e a segunda, Atlas (C1) e Áxis (C2) têm forma diferenciada, a fim de proporcionar a união com a cabeça, suportar o peso e permitir um grande número de movimentos. As cinco cervicais imediatamente inferiores têm a forma típica, sendo que C7 é uma vértebra de transição, uma vez que sua parte inferior se articula com a região torácica através de T1.

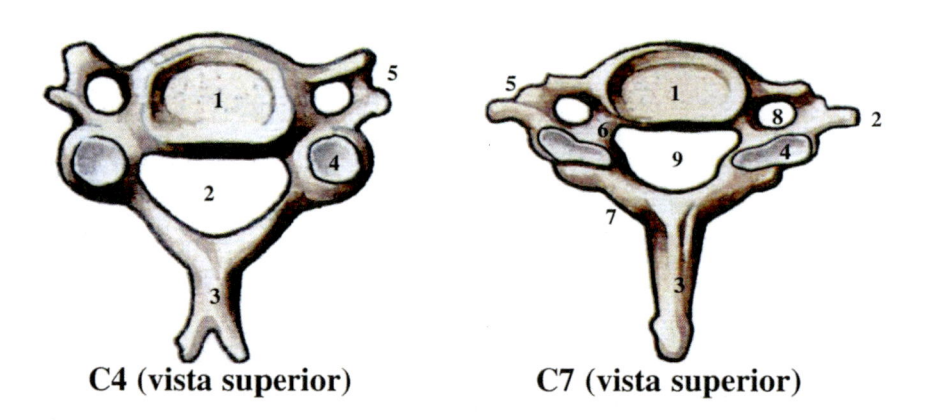

C4 (vista superior)   **C7 (vista superior)**

C7 é a maior vértebra cervical. Seu processo espinhal (3) é mais longo e maciço e tem uma "proeminência vertebral" facilmente visível e palpável. C6, C5, C4 e C3 são progressivamente menores sendo que C3 é a menor de todas. As vértebras cervicais possuem corpos (1) pequenos e retangulares com as superfícies superior e inferior dentadas dentro de concavidades rasas (onde se aninha o disco vertebral) e projeções em forma de cristas (Processos Uncinados), que se projetam para cima e lateralmente. As partes laterais da porção inferior da vértebra são dentadas, para proporcionar a acomodação dos processos uncinados da vértebra imediatamente inferior, além de ter uma aba (10) na parte frontal, que se justapõe ao corpo vertebral situado imediatamente abaixo. Há quatro destes pares de junta na região cervical: C3/C4 – C4/C5 – C5/C6 e C6/C7 (Junta de Luschka).

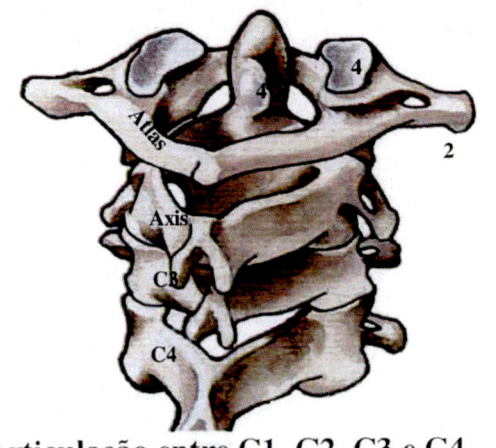
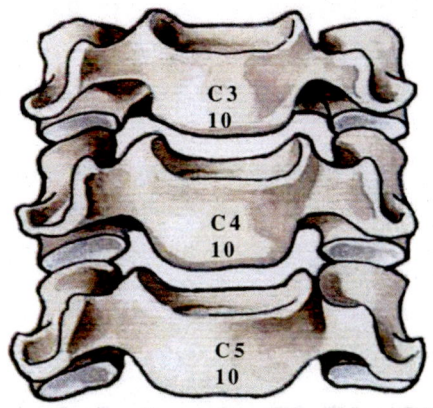

Articulação entre C1, C2, C3 e C4
(vista póstero-superior)

Articulação entre C3, C4 e C5
(vista anterior)

O Processo Espinhal (3) é curto, bífido e assimétrico na forma e tamanho. Os Processos Articulares (4) têm estrutura de bloco, com superfície abaixo e acima ligeiramente inclinadas, que se iniciam fora da junção dos pedículos (6) e lâminas (7). As superfícies articulares superior e inferior ficam de frente, projetando-se para cima (superior) ou para baixo (inferior), levemente inclinadas para as laterais. São estas superfícies planas que permitem o suave movimento deslizante da articulação em praticamente todos os planos, verticais ou horizontais, limitado apenas pelas restrições ligamentares. Os Processos Transversos (2), que se estendem pequenos e curtos por fora da parte anterior dos pedículos (6), têm um orifício no plano vertical (orifício transverso). O Orifício Transverso (8) está situado na parte superior de C6/C2 e C1, proporcionando um anel protetor para a Artéria Vertebral e algumas fibras nervosas.

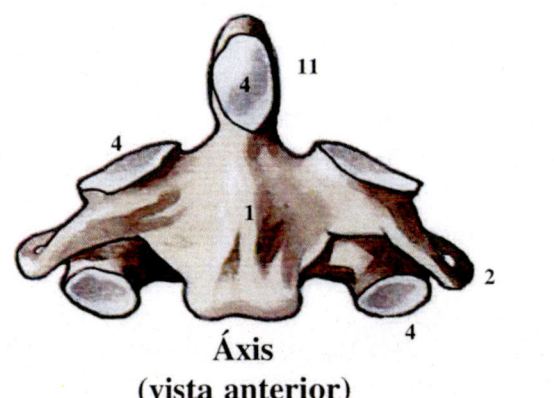
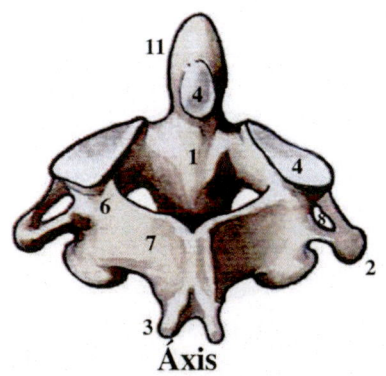

Áxis
(vista anterior)

Áxis
(vista posterior)

Áxis (C2) tem uma construção diferente. Ajusta-se na parte inferior a C3, uma cervical típica, enquanto sua parte superior acomoda o Atlas, proporcionando-lhe, ainda, um eixo sobre o qual o Atlas e a cabeça podem se mover.

O Áxis tem um corpo (1) retangular na parte inferior, igual ao das vértebras tipicamente cervicais e na parte superior uma coluna de osso semelhante a um dente (11), processo odontóide, que se projeta para cima. Na frente esse processo apresenta uma faceta suave, que se articula com o arco frontal do Atlas. Os Pedículos (6) se estendem para cada lado e para trás do corpo, juntando-se com as lâminas (7) no centro posterior, e se unem na linha mediana para formar o processo espinhal. O Processo Espinhal (3) é grande e saliente apesar da bifurcação ser muito assimétrica em cada prolongamento. Os Processos Articulares Superiores (4) são planos, ovais e ligeiramente côncavos, situados sobre cada pedículo, projetando-se para cima e ligeiramente para a lateral. Os Processos Articulares Inferiores (4) são iguais aos da cervical típica. Os Processos Transversos (2) são pequenos e curtos, saindo da junção dos pedículos e lâminas, sendo perfurados pelo Orifício Transverso (8), por onde passa a artéria vertebral.

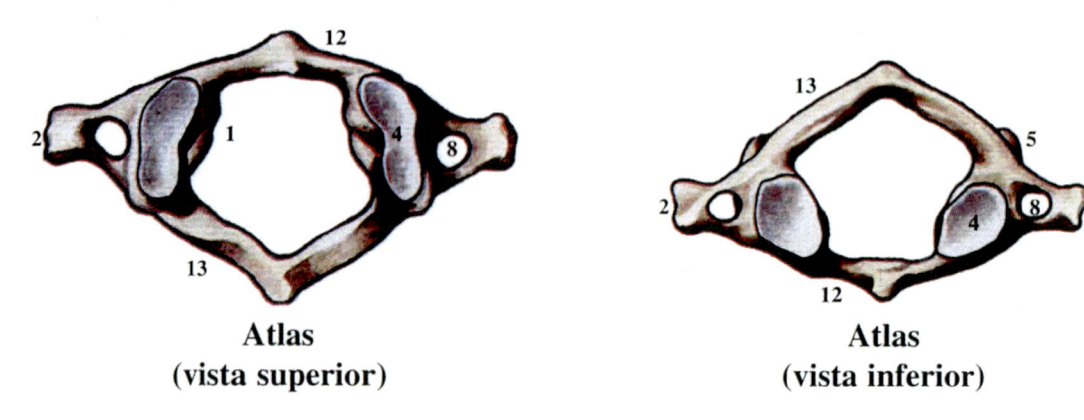

Atlas
(vista superior)

Atlas
(vista inferior)

Atlas (C1) tem a finalidade de sustentar a cabeça, proteger a medula espinhal e os importantes vasos sangüíneos existentes na região, ao mesmo tempo em que permite um enorme número de movimentos. É um anel de ossos com duas massas laterais de formação semelhante a blocos (1), unidos na frente pelo Arco Anterior (12) e atrás pelo Arco Posterior (13). A superfície superior da massa lateral é oval, lisa, ligeiramente côncava, com a parte central levemente para cima e a medial, ligeiramente para trás. A superfície inferior também é oval, lisa, mas suavemente convexa, dirigindo-se para baixo na parte medial em conformidade com a superfície oposta de Áxis. O Arco Anterior é uma haste de osso curvada que se estende a partir da massa lateral dirigindo-se para a frente. Na linha mediana há um pequeno promontório, Tubérculo Anterior. O Arco Anterior, que se estende de uma massa lateral para a outra, é um pouco maior e mais redondo, apresentando uma saliência na linha mediana posterior, Tubérculo Posterior. No lado inferior do Arco Posterior, há um estreito vertebral inferior (5), por onde passa o Segundo Par de Nervos Espinhais. Os Processos Transversos (2) são bem grandes, projetando-se lateralmente das massas laterais, tendo aí localizados os Orifícios Transversos (8).

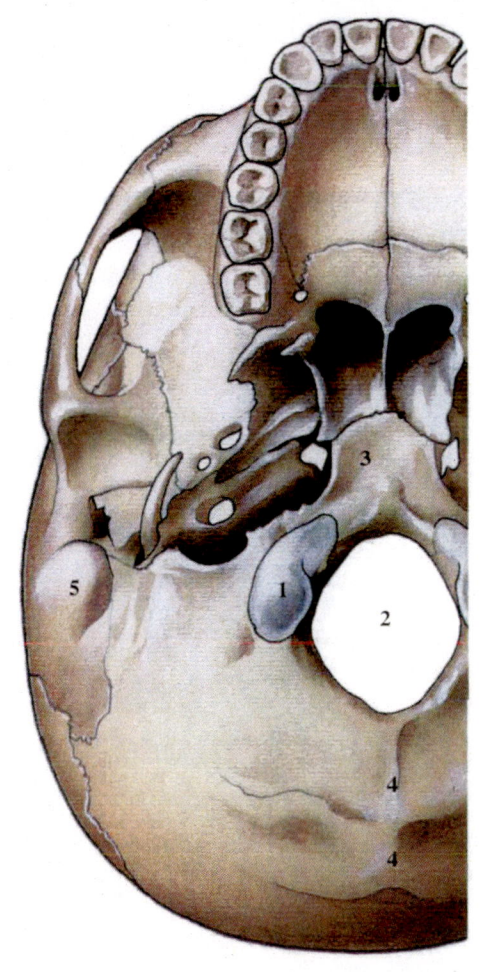
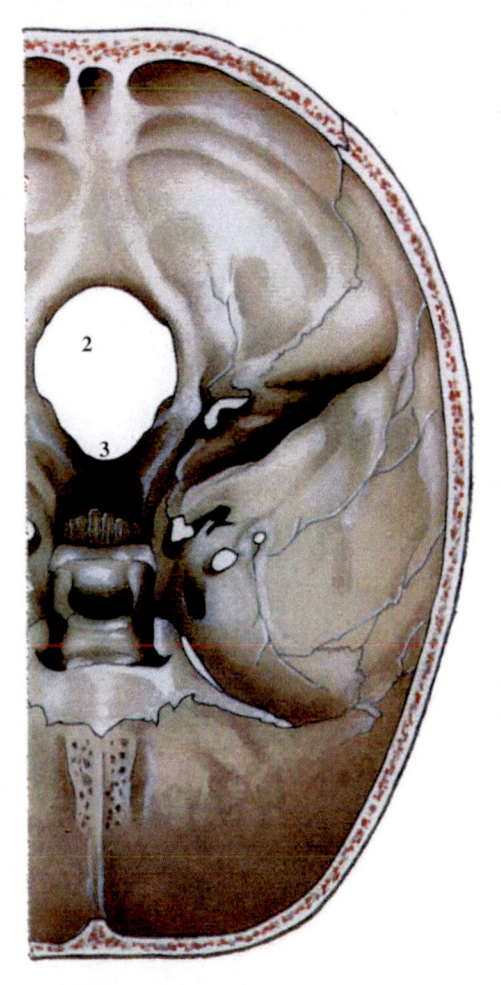

Base do Crânio
(face externa)

Base do Crânio
(face interna)

O Occipital se articula com a coluna através de dois Côndilos (1) (um de cada lado do Orifício Maior (2)), que têm superfícies ovais, maiores na parte frontal que na traseira, convexas e lisas. Suas bordas medianas são crespas, para receber os ligamentos. O Grande Orifício (2) é a maior abertura redonda na parte inferior do crânio, por onde acontece a passagem da Medula espinhal, suas membranas e vasos sangüíneos. Exatamente à frente do Grande Orifício, projeta-se uma forma retangular de densos ossos, o Processo Basilar (3). Na parte mediana póstero-inferior do crânio está a protuberância occipital externa (4). Os chamados Processos Mastóideos (5) são saliências nas partes laterais inferiores do crânio, na região póstero-inferior das orelhas. São projeções do Osso Temporal de extrema importância na análise espinhal.

A REGIÃO TORÁCICA OU DORSAL

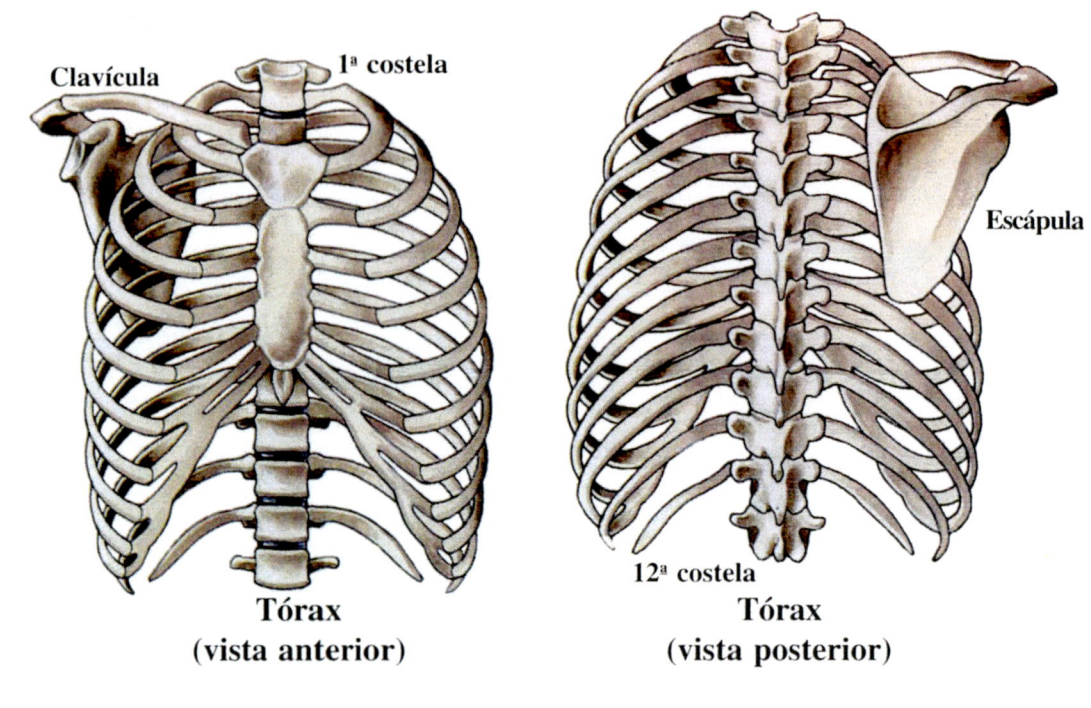

Tórax
(vista anterior)

Tórax
(vista posterior)

Região *Torácica* ou *Dorsal* é composta de doze vértebras de forma típica, mas com particularidades no que tange à articulação com as costelas, pois este conjunto forma uma caixa óssea que protege órgãos vitais, como coração e pulmões, além de permitir os movimentos necessários ao processo respiratório.

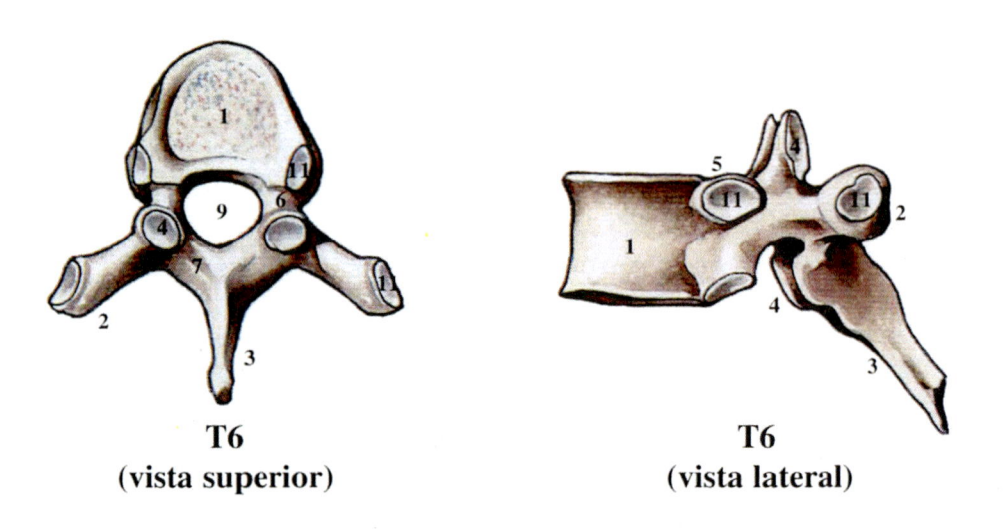

T6
(vista superior)

T6
(vista lateral)

As vértebras torácicas são menores que as lombares e sua articulação com as costelas dá estabilidade à área espinhal, mas, devido à proximidade da junta Costo-vertebral (11) com a saída do Nervo Espinhal (5), essa região ganha uma condição diferenciada. O Corpo da vértebra torácica ou dorsal (1) tem a forma de coração, com a porção maior voltada para trás. Suas superfícies superior e inferior são côncavas e menos profundas que as lombares, para acomodar os discos. Os Pedículos (6) se estendem para cada lado do corpo da vértebra, formando a Cavidade Intervertebral superior e unindo-se às Lâminas (7) na parte posterior central, formam o Processo Espinhal (3). O Processo Espinhal, por sua vez, é longo e fino, estendendo-se bruscamente para baixo a fim de nivelar-se ao corpo da vértebra inferior. O Processo Transverso (2) sai do ponto de junção dos Pedículos e Lâminas, sendo mais longo na parte superior (mais maciços na inferior), tomando a direção látero-póstero-superior. Também tem Facetas na frente para articulação com os tubérculos da costela. Como o Processo Espinhal se dirige brusca-mente para baixo e o Processo Transverso se mantém a 2 cm na lateral, projetando-se para cima, há uma acentuada variação no nível do Espaço Interespinhal (EI), ocasionado pela convexidade espinhal torácica para trás. Estes níveis de relação variam em cada área como segue:

T1/ T2 e T11 / T12 – 2 cm mais alto no EI.

T3 / T4 / T5 e T8 / T9 / T10 – 2,5 cm mais alto no EI.

T6 e T7 – 4 cm mais alto no EI.

O Processo Articular Superior (4) é formado por placas de osso que se proje-tam para cima, partindo dos Pedículos (6) e Lâminas (7) e têm a finalidade de articu-lar-se ao Processo Articular Inferior (4) da vértebra imediatamente acima. O Proces-so Articular Inferior tem superfície plana e se projeta para baixo, ligeiramente afasta-do das lâminas, articulando-se com o Processo Articular Superior da vértebra imedia-tamente abaixo. Nos lados do corpo vertebral torácico, encontramos Facetas (11) e Semifacetas, onde se articulam as cabeças das costelas. Essas formações são atípicas em algumas vértebras, como veremos a seguir:

T1 tem uma faceta látero-superior completa, onde se articula a primeira coste-la e uma semifaceta látero-inferior, que se articula com a segunda costela.

T9 tem apenas uma semifaceta látero-superior e nenhuma embaixo.

T10 e T11 têm uma grande e completa faceta nas partes laterais dos corpos.

T12 tem uma faceta completa formada na parte posterior do corpo, dentro do pedículo. Outra particularidade é que seus Processos Articulares Inferiores se diri-gem para os lados, como numa vértebra lombar.

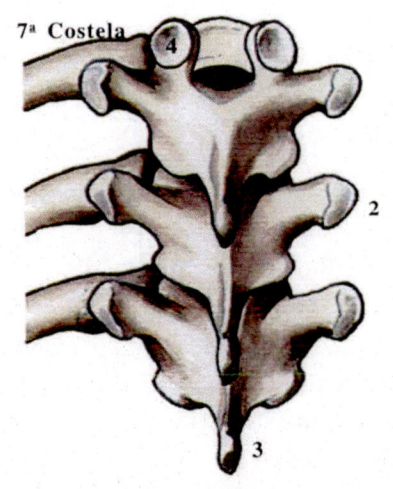

**Articulação entre T7, T8 e T9
(vista posterior)**

A REGIÃO LOMBAR

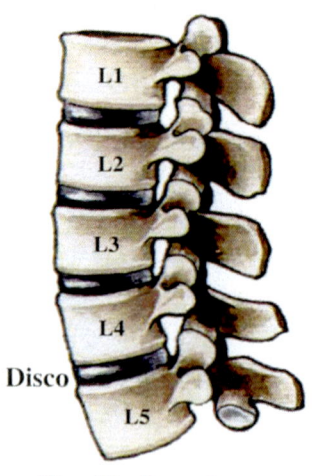

Região Lombar
(vista lateral)

A *Região Lombar* é composta de cinco segmentos maiores e mais pesados que os de outras regiões, em virtude de ser mais solicitada no suporte de peso e, também, devido à necessidade de se conectar com músculos mais fortes e pesados. Algumas vezes aparece uma sexta vértebra, quase sempre de formação incompleta. O Corpo da Vértebra Lombar (1) é um bloco em forma de rim, maior nas laterais e menor no centro. Tem aparência esponjosa nas partes superior e inferior e é mais profundo no centro, para melhor acomodar o disco intervertebral.

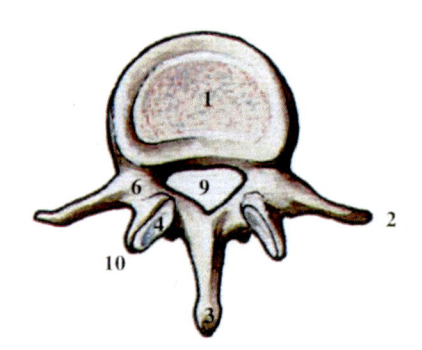

Vértebra Lombar
(vista superior)

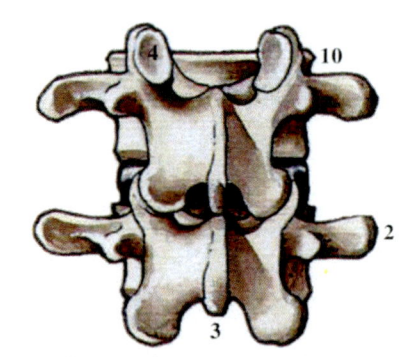

Articulação entre L3 e L4
(vista posterior)

Entre o Corpo e os Processos Transversos e Articulares há uma cavidade para acomodar a medula, em forma de triângulo, a que chamamos de Forame Vertebral (9). Os Processos Transversos (2) são longos, finos e frágeis e se estendem lateralmente. Os Processos Articulares Superiores (4) são curtos e grossos, como lâminas projetadas para cima, em forma de palma ligeiramente côncava e sustentam as superfícies articulares inferiores da vértebra imediatamente superior, de onde se projetam os Processos Mamilares (10). Os Processos Articulares Inferiores (4) se dirigem para baixo, para o lado e para a frente. Suas superfícies são convexas e se encaixam dentro do processo articular superior da vértebra que lhe vem abaixo.

A REGIÃO PÉLVICA

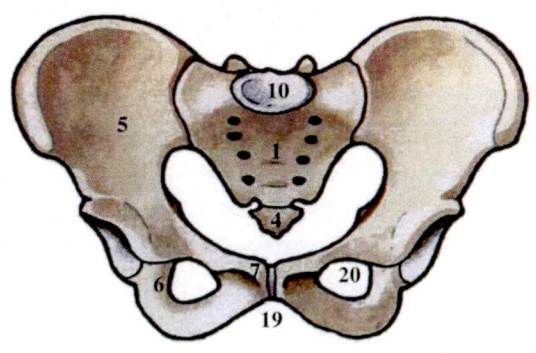

Pelve Feminina
(vista anterior)

A *Pelve* tem o formato de uma bacia, próprio para conter e proteger os órgãos viscerais inferiores. É formada por dois Ossos Ilíacos, o Sacro e o Cóccix. O Osso Ilíaco é formado pela junção dos ossos Ílio, Ísquio e Púbis, juntados pela cartilagem solidificada na adolescência. Estes três ossos (Ílio, Sacro e Cóccix) articulam-se entre si e se juntam numa cavidade em forma de taça (Acetábulo), que, por sua vez, se articula com a Cabeça do Fêmur.

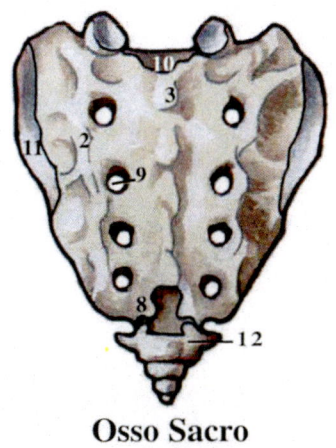

Osso Sacro
(vista dorsal)

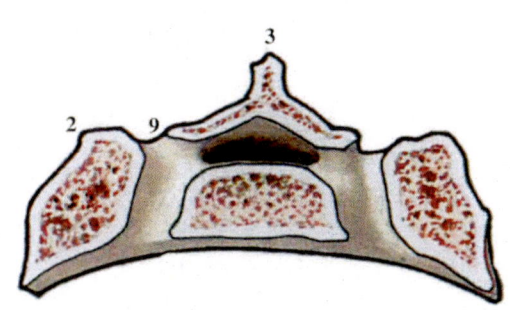

Secção do Forame de S1
(vista superior)

O *Sacro* (1) é formado por cinco segmentos, juntados por cartilagem flexível nas crianças, mas que se unem em uma forma sólida nos adultos, tornando-se a base de sustentação do peso do corpo humano. Através dos Ossos Ilíacos, entre os quais está encaixado, o peso é distribuído para os membros inferiores. Tem a forma triangular, com a base maior para cima e o vértice invertido para baixo, onde se articula com o Cóccix. Na linha medial posterior (dorsal) existe uma fileira de cinco Tubérculos (3), em cada lado tem uma fileira calcificada de processos articulares, Cristas Sacrais (2), que, na parte inferior, se projetam em saliências redondas (Córnua Sacral) (8). Ao lado das Cristas estão os cinco Orifícios Sacrais (9) de onde emergem os pares de nervos sacrais. Na parte superior há uma larga superfície oval e côncava, Base do Osso Sacral (10), que se articula com L5. As laterais por sua forma, são chamadas de Asas (11) e a Superfície Auricular se articula com a região medial do Ílio, formando a Junta Sacro-Ilíaca.

O *Cóccix* (4) é o apêndice final do Sacro e é constituído de quatro segmentos (Cornu Coccígeo) (12), cada um menor que o imediatamente superior e sua formação se completa no início da adolescência. Esses segmentos se juntam entre si e ao sacro por cartilagem, o que permite maior união e, ao mesmo tempo, uma pequena variação de movimentos. Sua função é oferecer ligações aos músculos da base pélvica.

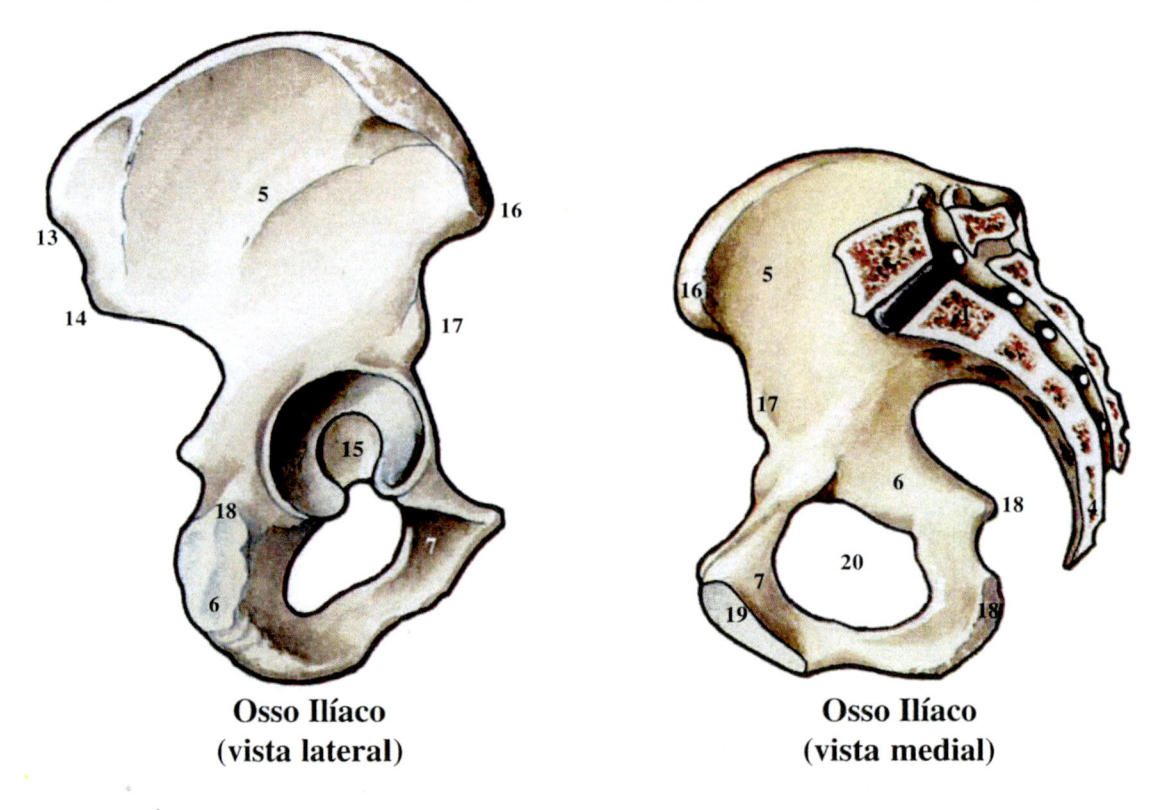

Osso Ilíaco
(vista lateral)

Osso Ilíaco
(vista medial)

O *Ílio* (5) é uma grande estrutura em forma de orelha, que se move para a frente e para trás. Na parte de trás existe uma crista saliente chamada Espinha Ilíaca póstero-superior (13). Um pouco abaixo registra-se uma projeção menor de osso (Espinha Ilíaca póstero-inferior) (14), dificilmente detectável pelo tato. Na parte frontal da crista existe uma pequena saliência (Espinha Ilíaca ântero-superior) (16). Ainda na frente, um pouco abaixo, numa saliência menor e não detectável, está a Espinha Ilíaca ântero-inferior (17).

O *Ísquio* (6) é uma construção óssea pesada e curva, que sai do Acetábulo (ramo superior) em direção ao Púbis (ramo inferior), tendo no final da parte curva uma formação saliente (Tuberosidade Isquial) (18).

O *Púbis* (7) é a formação óssea que une o Acetábulo (ramo superior) à junção cartilaginosa que se junta ao púbis do lado oposto, através da Sínfise Pubiana (19), depois se estende para trás para se juntar ao ramo inferior do Ísquio, formando com esse um grande anel ósseo, que chamamos de Cova do Obturador (20).

O *Acetábulo* (15) é uma profunda cavidade em forma de taça, onde se articula a cabeça do fêmur. Abaixo de sua cabeça, o fêmur se estende latero-inferiormente até uma faixa estreita, para, em seguida, expandir-se no sentido látero-anterior, formando uma saliência desigual (Trocanter Maior) para a ligação com o músculo. Com a mesma finalidade há outra saliência menor (Trocanter Menor) na parte póstero-medial.

CAPÍTULO 3

MECÂNICA E DINÂMICA DA COLUNA VERTEBRAL

"Na doença, antes de mais nada, procure na coluna."

Hipócrates

A espinha humana é o projeto mais perfeito que se conhece. Serve como uma coluna central de sustentação, a qual, direta ou indiretamente, estão ligados todos os órgãos do corpo. O empilhamento das vértebras forma uma estrutura óssea que protege a medula espinhal. Cada vértebra possui um orifício de cada lado, por onde passa um par de nervos espinhais, ao todo 31 pares, de suma importância no tratamento quiroprático.

O sistema nervoso – cérebro, medula, nervos e neurônios – controla e coordena todas as partes e funções do corpo humano, sejam órgãos ou estrutura. Agindo como uma rede telefônica, os nervos e medula têm a função de transmitir ao cérebro qualquer notícia do estado geral do corpo, diuturnamente monitorado pelas fibras nervosas sensitivas aferentes (neurônios), que conduzem a informação ao sistema nervoso central. Diante de qualquer ameaça que coloque em risco a saúde e o equilíbrio do organismo, os neurônios aferentes captam o sinal de alerta e o transmitem, por impulsos elétricos, através dos nervos, até a medula, que decodifica a mensagem e a transmite para o cérebro. Este, por sua vez, analisa o problema e imediatamente convoca todos os setores que têm condições de solucioná-lo, enviando socorro imediato ao local de onde veio o alarme, através das fibras motoras eferentes, que conduzem a ordem do sistema nervoso central para todas as outras partes do corpo, músculos, glândulas e órgãos.

Na leitura da Quiroprática, quando acontece um "acidente" qualquer no corpo e esse "acidente" não é imediatamente reparado pelo próprio organismo, significa que, em algum lugar do curso daquela ligação, o impulso transmissor (aferente ou eferente) está bloqueado e a solução do problema estará sujeita ao reparo dessa ligação.

A coluna, como o fiel de uma balança, transmite o peso do tronco à pelve, que o divide entre os membros inferiores. Apesar de suportar toda esta carga, conserva enorme variedade de movimentos em todas as direções (flexões, extensões, rotações) e se equilibra em qualquer mudança na distribuição do peso, fazendo pequenas alterações na posição das articulações.

O peso do corpo é sustentado pelo esqueleto, cujos ossos são mantidos amarrados em todas as juntas pelos ligamentos. Estes ossos são cobertos por músculos, cuja principal função é movimentar as diversas partes do esqueleto, adaptando-as às mudanças na distribuição de peso. Quando a postura é ereta, a ação muscular está neutra. O movimento é provocado pela tensão e relaxamento dos diversos grupos musculares. Uma boa ilustração de como acontece o movimento, é uma marionete que, para se mover, precisa que o manipulador vá encurtando e soltando os cordões que estão ligados às suas articulações. Quando há uma alteração anormal no posicionamento do esqueleto, causado por trauma, ou quando ocorre o enfraquecimento de um suporte ligamentar em qualquer junta de sustentação, os músculos reempilham as articulações, criando compensações para que o corpo continue mantendo o equilíbrio. Este reempilhamento cria posturas distorcidas, provocadas por deslocamentos e ou fixações.

Há uma enorme gama de movimentos da coluna, principalmente nas regiões cervical e lombar, variando de pessoa para pessoa conforme a idade, atividade e hábitos pessoais. Ao avaliar o movimento da espinha, é importante que o quiroprático observe se cada área se movimenta normalmente, ou se a amplitude do movimento é exagerada (hipermobilidade) para compensar uma região que está fixada (hipomobilidade).

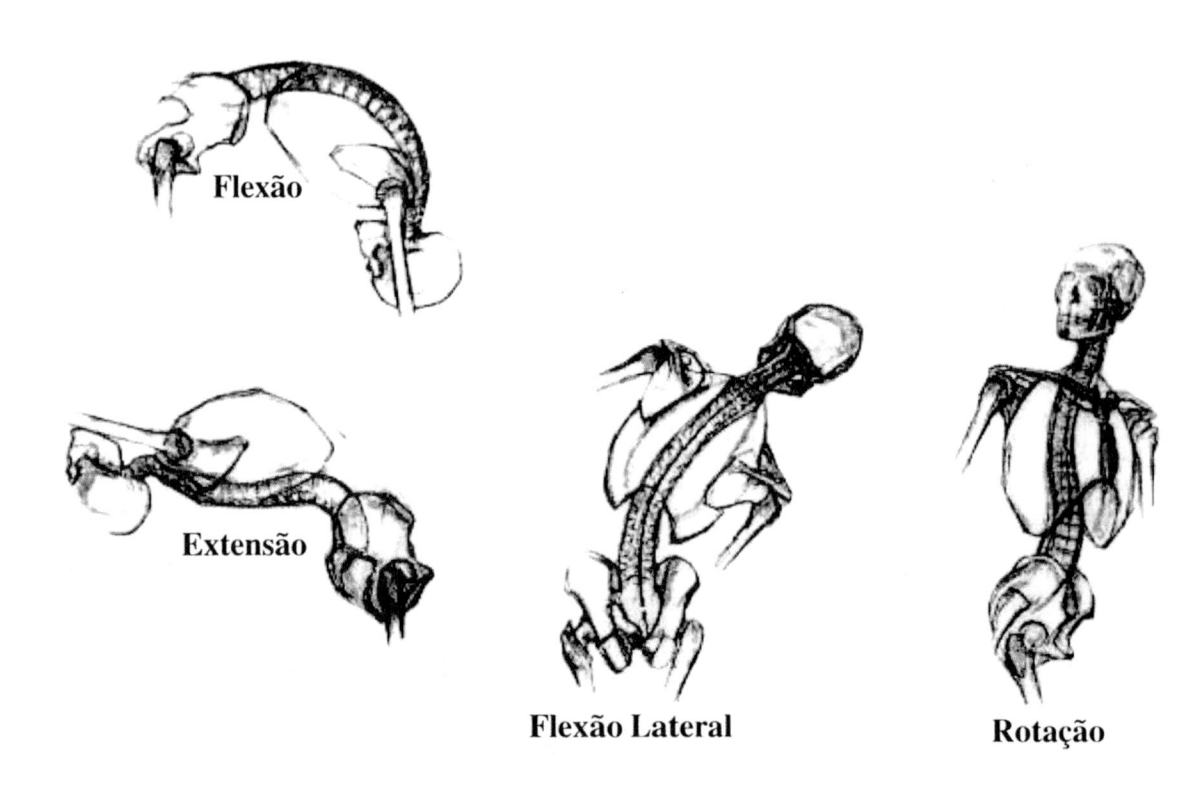

Flexão

Extensão

Flexão Lateral

Rotação

A amplitude média dos movimentos das diversas regiões do tronco são:

Flexão, 90° para a Lombar e Torácica e 60/70° para a Cervical.

Extensão, 25/30° para a Lombar e Torácica e 40/45° para a Cervical.

Rotação (ambos os lados), 25/30° para a Lombar e Torácica e 80/90° para a Cervical.

Flexão Lateral (ambos os lados), 20/25° para a Lombar e Torácica, para a Cervical 50/60°.

O Sacro, embora alguns estudiosos discordem, pode deslocar-se de sua posição original, o que se observa pela rotação das asas ilíacas, desnivelamento de L5 e entre as diversas linhas glúteas e subglúteas. Este deslocamento pode ser corrigido através da manipulação quiroprática, exceto em raros casos especiais.

A posição pélvica também varia de acordo com a distribuição do peso e a mudança nesta distribuição, tendo como causas:

- A deficiência de uma das pernas: uma perna mais curta causa desnível pélvico e conseqüente necessidade de um realinhamento do esqueleto.
- Uma Subluxação vertebral: a vértebra fixada, ou deslocada, em qualquer segmento, desde o sacro até o occipito, provocará a necessidade de novo reempilhamento vertebral.
- Uma Fixação articular, seja na junta sacro-ilíaca, ou em qualquer outra, fará com que esta articulação perca a mobilidade (está presa) e, para que o corpo continue se movimentando normalmente, outras juntas deverão fazer o trabalho desta (compensação), provocando um novo alinhamento.

Se essas causas não forem solucionadas com urgência, a acomodação prolongada se tornará crônica, alterando os tecidos, que, agravados por outras compensações musculares, manterão a junta presa numa posição distorcida. Apenas o ajuste local poderá reverter o quadro.

O DISCO INTERVERTEBRAL

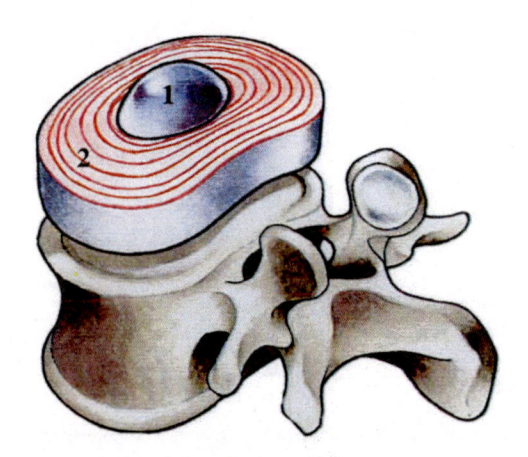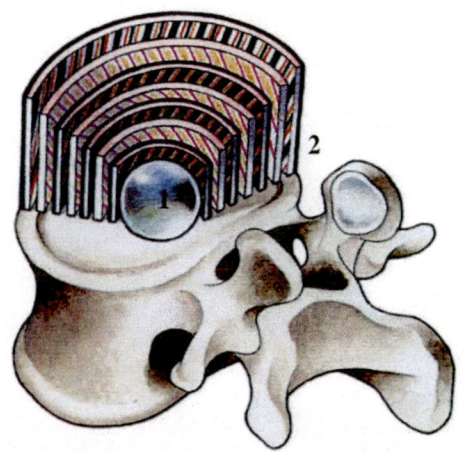

Disco Intervertebral   **Anel Fibroso e Núcleo Pulposo**

O Disco Intervertebral é o elemento que se interpõe entre duas vértebras. Sua parte central chamada Núcleo Pulposo (1), é composta de uma substância gelatinosa e transparente, com 80% de água e substâncias diversas, entre elas fibras de colágeno e células conjuntivas. Ao redor do Núcleo, está o Anel Fibroso (2), uma sucessão de anéis que protegem e aninham, sob pressão, o núcleo. Em cada um desses anéis as fibras que o compõem são inclinadas no sentido contrário ao da inclinação das fibras do anel imediatamente anterior e, quanto mais próximo ao núcleo, mais inclinado é este ângulo. Um quarto do comprimento da coluna é ocupado pelos discos intervertebrais. Apenas Atlas, Áxis, o sacro e o cóccix não possuem discos.

As funções do disco intervertebral são inúmeras e complexas, destacando-se como as mais importantes: amortecer e absorver os choques entre as vértebras, uni-las e sustentar a coluna. Funciona como um amortecedor suportando o peso, reduzindo os impactos, atenuando a fricção e, o mais importante, dando dinâmica à movimentação espinhal. Possui um ponto de equilíbrio extremamente variável, que permite amplo grau de movimento, ao mesmo tempo em que conserva a capacidade de retornar a posição ereta quando o núcleo retoma a sua forma normal. Quando há uma compressão exagerada o Núcleo Pulposo pode romper-se, originando a hérnia discal.

OS MÚSCULOS QUE ESTABILIZAM A COLUNA

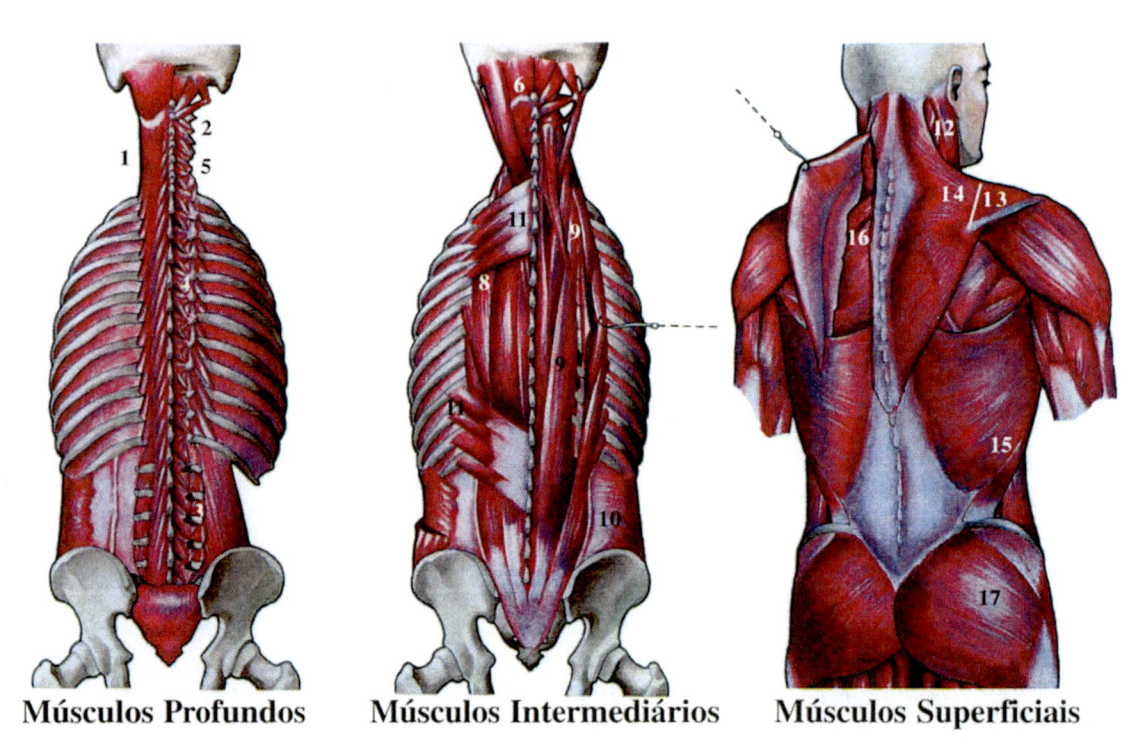

Músculos Profundos   **Músculos Intermediários**   **Músculos Superficiais**

Os músculos se dividem em duas categorias: os lisos, que formam as vísceras e vasos sangüíneos, e os estriados, compostos de fibras estriadas, geralmente ligados ao esqueleto.

Os músculos ligados à raque são divididos em dois grupos principais: um, de elementos curtos, ocupando o fundo da goteira vertebral, que controlam no máximo quatro vértebras: Espinhosos (1), Interespinhosos (2), Intertransversos (3), Elevadores (4) e Rotatores (5). O outro grupo, mais superficial, composto de fibras longas, também se divide em duas categorias: uma de músculos intermediários que são fixados à base do sacro e sobem até a extremidade da cabeça: Esplênicos (6), Eretores da Espinha (7), Iliocostais (8), Longuíssimos (cervical, torácico) (9), e Abdominais (interno, transverso) (10). Finalmente, a camada superficial composta de músculos através dos quais caminham os nervos que emergem da coluna: Esternocleidomastóideo (12), Supraespinhal

(13), Trapézio (14), Grande Dorsal (15), Rombóide (16), Glúteos (grande, pequeno, médio) (17) etc. São esses músculos, a última etapa do caminho que percorrem os impulsos nervosos eferentes somáticos, aqueles que vêm do sistema nervoso central.

Nesta última etapa, os estímulos poderão ser distorcidos por diversos fatores alheios externos ou internos, como temperatura, clima, tensões emocionais e psíquicas etc. Se a musculatura se mantém rígida, ou contraída, mesmo diante de estímulos suaves pode desencadear a leitura errada da mensagem do sistema nervoso central, o que irá interferir no funcionamento de órgãos e tecidos, ocasionando modificação de textura, disfunções orgânicas e dores. Se a hipersensibilidade não for corrigida a tempo, criará um círculo vicioso de irritação e inflamação, diminuindo a capacidade de regeneração e defesa do organismo, podendo ainda alterar inclusive a estrutura óssea.

A seguir apresentamos ilustrações detalhadas sobre a localização de cada músculo importante para a Quiroprática e a origem da sua inervação. Tais figuras poderão fornecer pistas sobre inúmeras algias e o local onde, provavelmente, está a compressão nervosa causadora do problema.

FUNÇÃO MUSCULAR

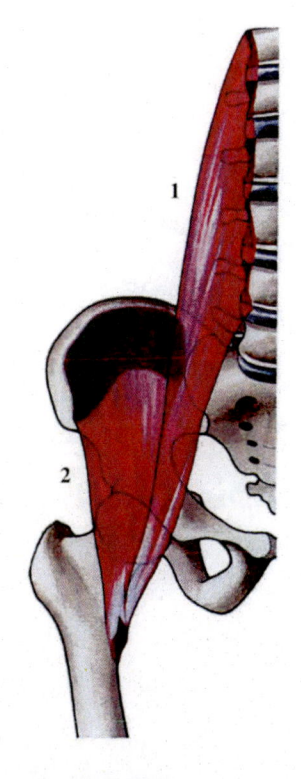

FLEXÃO DO QUADRIL

Grande Psoas (1). Origem nas laterais e apófises transversas de T10 até L5, incluindo as superfícies dos discos intervertebrais. Inserção no pequeno trocanter do fêmur. A inervação emerge de L2/L3.

Ilíaco (2). Origem na porção superior interna da crista ilíaca. Inserção na lateral do tendão do Grande Psoas e no corpo do fêmur. A inervação (Femoral) emerge de L2/L3.

**1 – Grande Psoas,
2 – Ilíaco
(vista anterior)**

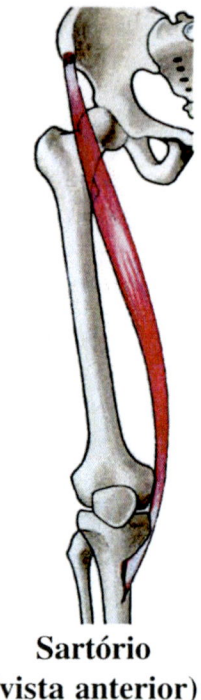

Sartório
(vista anterior)

FLEXÃO, ROTAÇÃO E FLEXÃO LATERAL DO QUADRIL (COM FLEXÃO DO JOELHO)

Sartório. Origem na espinha ilíaca ânterosuperior. Inserção na superfície ântero-medial do corpo da tíbia, atrás da tuberosidade. A inervação (Femoral), emerge de L2/L3.

EXTENSÃO DO QUADRIL

Grande Glúteo (1). Origem na linha glútea posterior, parte póstero-inferior do sacro e lateral do cóccix e superfície posterior. Inserção na tuberosidade glútea e no grande trocanter. A inervação (Glúteo Inferior) emerge de L5/S1/S2.

Semitendinoso (2). Origem na tuberosidade do ísquio. Inserção na parte ântero medial da tíbia. A inervação (Ciático) emerge de L5/S1/S2/S3.

Semimembranoso (3). Origem sobre a tuberosidade do ísquio. Inserção no côndilo medial da tíbia, no ligamento tibial colateral e fáscia da perna. A inervação (Ciático) emerge de L5/S1/S2.

Bíceps Femoral (4). Origem na tuberosidade do ísquio. Inserção na lateral da cabeça da fíbula e do côndilo da tíbia. A inervação (Ciático) emerge de S1/S2/S3.

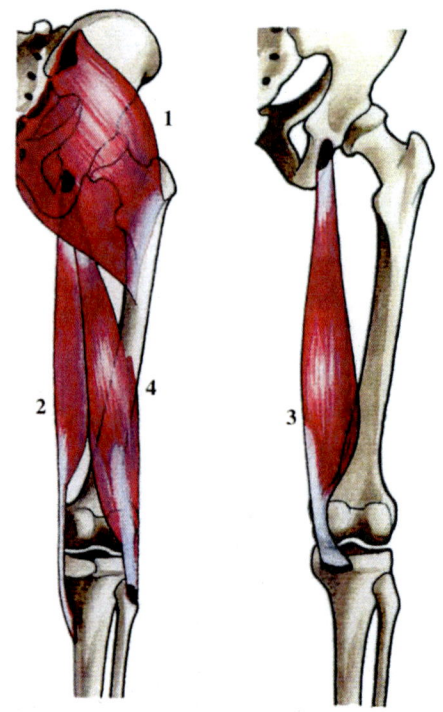

1 – Grande Glúteo
2 – Semitendinoso
3 – Semimembranoso
4 – Bíceps Femoral (porção longa)
(vista posterior)

38

ABDUÇÃO DO QUADRIL

Glúteo Médio. Origem no ílio entre a crista ilíaca e o glúteo póstero-anterior e na aponeurose glútea. Inserção na superfície lateral do grande trocanter. A inervação (Glúteo Superior) emerge de L4/L5/S1.

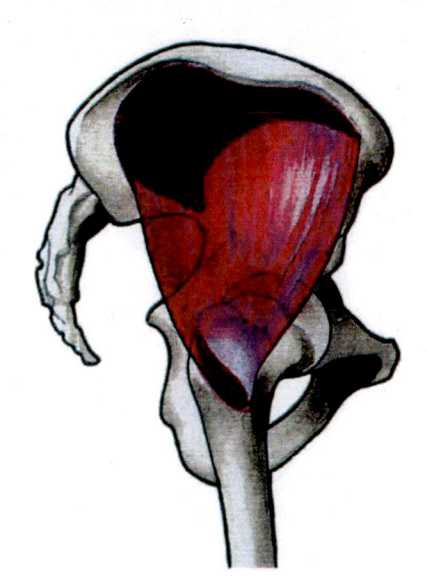

Glúteo Médio
(vista lateral)

FLEXÃO COM ROTAÇÃO INTERNA DO QUADRIL

Tensor do Fáscia Lata. Origem nas partes externas da crista ilíaca e da espinha ilíaca ântero-superior, e na parte profunda do Fáscia Lata. Inserção na cinta ílio-tibial no côndilo externo da tíbia. A inervação (Glúteo Superior) emerge de L4/L5/S1.

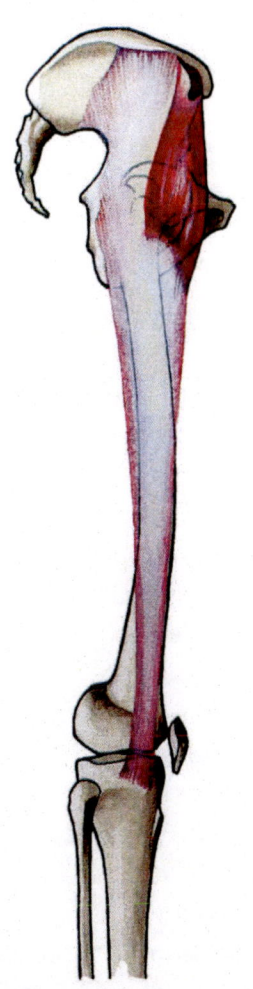

Tensor do Fáscia Lata
(vista lateral)

ADUÇÃO DO QUADRIL

Grande Adutor (1). Origem na margem externa da tuberosidade do ísquio e nos ramos inferiores do ísquio e do púbis. Inserção em toda a linha anterior do fêmur e na parte interna do tubérculo adutor no côndilo medial do fêmur. A inervação (Obturador) emerge de L3/L4.

Curto Adutor (2). Origem no ramo inferior do púbis. Inserção na linha áspera do pequeno trocanter. A inervação (Obturador) emerge de L3/L4.

Longo Adutor (3). Origem na parte anterior do púbis (na junção da crista com a sínfise). Inserção na porção média da linha áspera do fêmur. A inervação (Obturador) emerge de L3/L4.

Pectíneo (4). Origem entre a linha ílio-pectínea e o tubérculo do púbis. Inserção entre o pequeno trocanter e a linha áspera. A inervação (Femoral e Obturador) emerge de L2/L3/L4.

Grácil (5). Origem entre a sínfese e o arco pubiano. Inserção na parte medial da tíbia proximal. A inervação (Obturador) emerge de L3/L4.

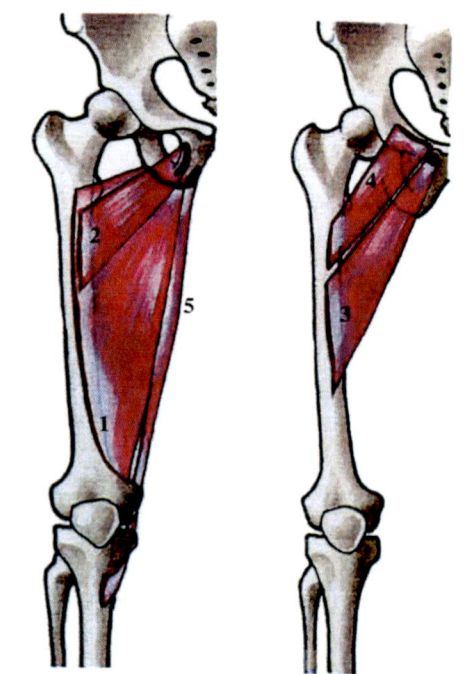

1 – Grande Adutor   2 – Curto Adutor
3 – Longo Adutor   4 – Pectíneo
5 – Grácil
(vista anterior)

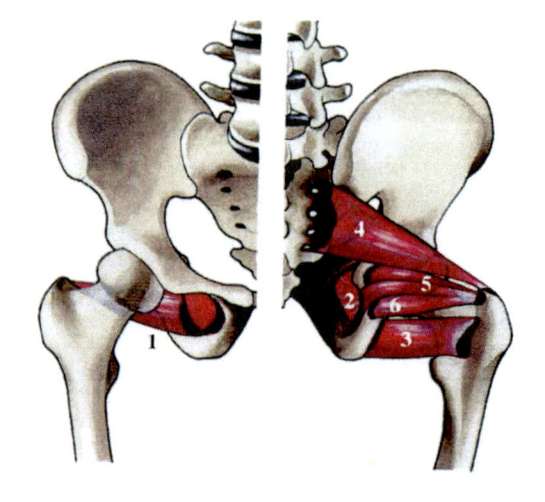

1 – Obturador Externo,
2 – Obturador Interno, 3 – Quadrado
Femoral, 4 – Piriforme, 5 – Gêmeo
Superior, 6 – Gêmeo Inferior
(vista anterior e vista posterior)

ROTAÇÃO LATERAL DO QUADRIL

Obturador Externo (1). Origem na margem do forame obturador, na superfície externa da membrana obturadora e nos ramos do púbis e do ísquio. Inserção na parte superior do colo até a fossa trocanteriana do fêmur. A inervação (Obturador) emerge de L3/L4.

Obturador Interno (2). Origem nos ramos do púbis e do ísquio, na parte superior do grande forame ciático e forame obturador ântero-inferior. Inserção desde a pequena chanfradura ciática até o grande trocanter. A inervação (Obturador Interno) emerge de L5/S1/S2.

Quadrado Femoral (3). Origem na borda externa da tuberosidade isquiática. Inserção na parte proximal da linha quadrada do fêmur. A inervação (Quadrado Femoral) emerge de L4/L5/S1.

Piriforme (4). Origem desde o primeiro até o quarto forame anterior do sacro, na margem do grande forame ciático e no ligamento sacrotuberoso anterior. Inserção através do grande forame ciático, alcança a borda superior do grande trocanter do fêmur. A inervação emerge de S1/S2.

Gêmeo Superior (5). Origem na parte externa da espinha isquiática. Inserção na margem superior do tendão do obturador interno e caminha junto com este até a parte medial do grande trocanter. A inervação (Obturador Interno) emerge de L5/S1/S2.

Gêmeo Inferior (6). Origem na parte superior da tuberosidade do ísquio. Inserção na margem inferior do tendão do obturador interno e caminha junto com este até a parte medial do grande trocanter. A inervação (Quadrado Femoral) emerge de L4/L5/S1.

Grande Glúteo (pág. 38). Origem na linha glútea posterior, parte póstero-superior da crista ilíaca, partes póstero-inferior do sacro e lateral do cóccix, parte posterior do ligamento sacrotuberoso além de aponeurose do eretor da coluna. Inserção na cinta iliotibial do fáscia lata sobre o grande trocanter e na tuberosidade glútea. A inervação (Glúteo Inferior) emerge de L5/S1/S2.

ROTAÇÃO INTERNA DO QUADRIL

Pequeno Glúteo. Origem no ílio entre as linhas glúteas anterior e inferior e na margem da grande chanfradura ciática. Inserção na parte inferior do grande trocanter e na expansão para a cápsula da articulação do quadril. A inervação (Glúteo Superior) emerge de L4/L5/S1.

Tensor do Fáscia Lata (pág. 39). Origem no lábio externo anterior da crista ilíaca, na parte externa ântero-superior da espinha ilíaca até a superfície do Fáscia Lata. Inserção entre as duas camadas da cinta iliotibial no côndilo lateral da tíbia. A inervação (Glúteo Superior) emerge de L4/L5/S1.

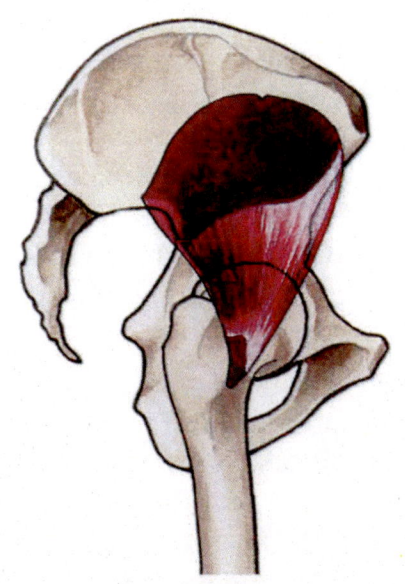

**Pequeno Glúteo
(vista lateral)**

FLEXÃO DO TRONCO

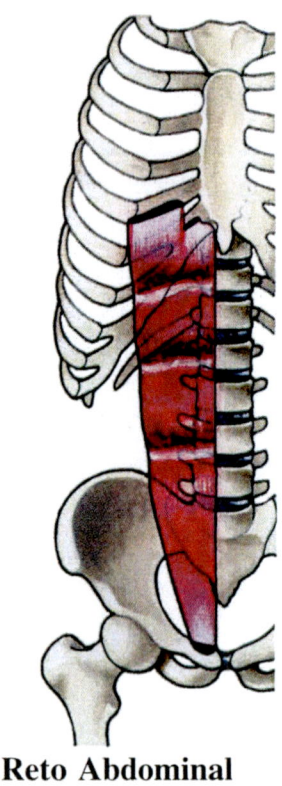

Reto Abdominal. Origem no 5°, 6° e 7° arco costal anterior, cartilagens costais e apêndice xifóide. Inserção na crista do púbis e nos ligamentos que cobrem a superfície ventral da sínfise pubiana. A inervação (nervos Intercostais) emerge de T7 a T12.

**Reto Abdominal
(vista anterior)**

ROTAÇÃO DO TRONCO

Oblíquo Externo do Abdome (1). Origem nas oito digitações das superfícies externas e nas bordas inferiores das oito costelas inferiores. Inserção na proeminência externa da crista ilíaca e na linha de alba desde a apófise xifóide até a sínfise pubiana. A inervação emerge de T8 a T12 (Intercostais), T12/L1 (Ílio-hipogástrico), de L1 (Ilioinguinal).

Oblíquo Interno do Abdome (2). Origem na lateral do ligamento inguinal, na proeminência média da crista ilíaca e parte posterior do Fáscia Tóracolombar perto da crista. Inserção na crista do púbis, na cartilagem da 7ª, 8ª e 9ª costela e nas bordas inferiores da 8ª a 12ª costela. A inervação emerge de T8 a T12 (Intercostais), T12/L1 (Ílio-hipogástrico) e L1 (Ilioinguinal).

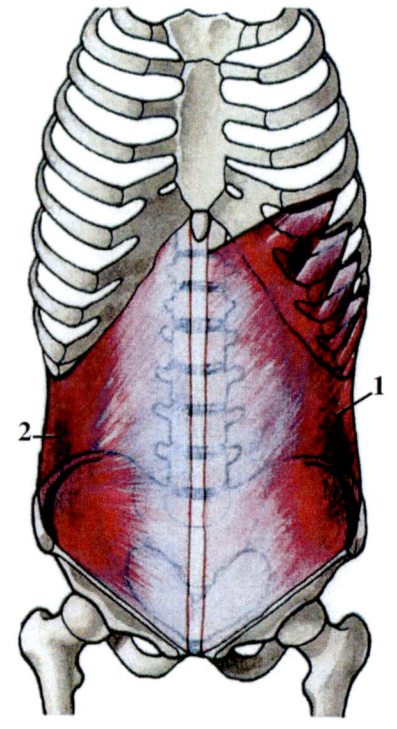

**1 – Oblíquo externo do Abdome
2 – Oblíquo Interno do Abdome
(vista anterior)**

EXTENSÃO DO TRONCO

Íliocostal Torácico (1). Origem desde as bordas superiores das seis últimas costelas até o iliocostal lombar. Inserção nas bordas craniais das seis primeiras costelas e apófise transversa de C7.

Longuíssimo Torácico (2). Origem no tendão do eretor da coluna, apófise transversa das vértebras lombares e camada anterior da aponeurose lombo-costal. Inserção nas apófises transversas de todas as vértebras torácicas e entre os tubérculos e ângulos das últimas 9 ou 10 costelas.

Espinhal Torácico (3). Origem nas apófises espinhosas desde T11 até L2. Inserção nas apófises espinhosas de T4 a T8.

Iliocostal Lombar (4). Origem nas cristas média e lateral do sacro, nas apófises espinhosas de L5 a T11, no ligamento supra-espinhoso, na proeminência interna da crista ilíaca. Inserção, nas bordas inferiores, dos ângulos das seis últimas costelas.

Quadrado Lombar (não ilustrado). Origem no ligamento iliolombar. Inserção na metade da borda inferior da 12ª costela e nas apófises transversas de L1 a L4. A inervação (Divisões Primárias Ventrais) emerge de T12/L1.

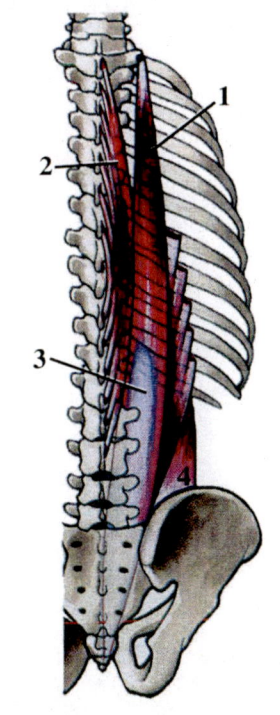

1 – Iliocostal Torácico
2 – Longuíssimo Torácico
3 – Espinhal Torácico
4 – Iliocostal Lombar
(vista posterior)

FLEXÃO DO PESCOÇO

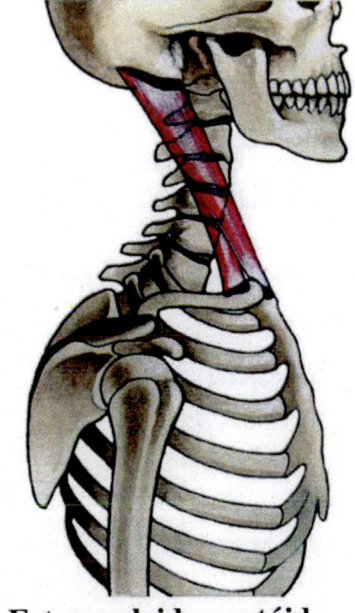

Esternocleidomastóideo
(vista lateral)

Esternocleidomastóideo (feixe esternal). Origem na superfície ventral do manúbrio esternal. Inserção desde o ápice até a borda superior da superfície lateral da mastóide (feixe clavicular). Origem na borda superior e anterior do terço médio da clavícula. Inserção numa aponeurose fina na linha nucal superior do occipito. A inervação (Acessório Espinhal, 11° par cranial e Divisórias Primárias Ventrais) emerge de C2/C3.

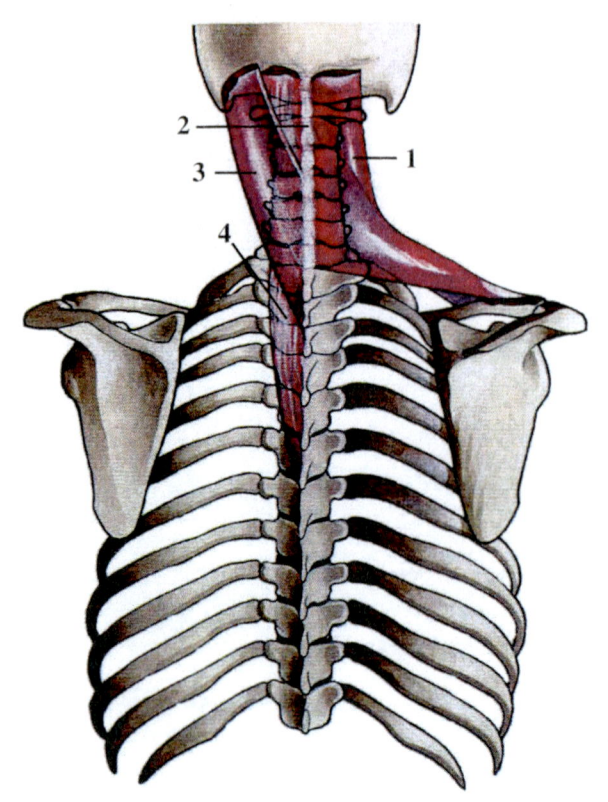

1 – Trapézio (fibras superiores)
2 – Semi-espinhal da cabeça
3 – Esplênio da cabeça
4 – Esplênio Cervical
(vista posterior)

Trapézio (fibras superiores) (1). Origem na protuberância occipital externa, linha nucal superior, parte superior do ligamento nucal e apófise espinhosa de C7. Inserção na borda dorsal do terço lateral da clavícula. A inervação (Acessório Espinhal, 11° par cranial e Divisões Primárias Ventrais) emerge de C3/C4.

Semi-espinhal da Cabeça (2). Origem nas apófises transversas desde C7 até T6/T7, apófises articulares de C4/C5/C6. Inserção entre as linhas nucais superior e inferior do occipital. A inervação (Divisões Primárias Dorsais) emerge de C3/C4.

Esplênio da Cabeça (3). Origem na metade caudal do ligamento nucal e nas apófises espinhosas desde C7 até T3/T4. Inserção na linha nucal lateral do occipital e apófise mastóide do temporal. A inervação (Divisões Primárias Dorsais) emerge de C4 a C8.

Esplênio Cervical (4). Origem nas apófises espinhosas entre T3 e T6. Inserção nas apófises transversas de C1 até C3. A inervação (Divisões Primárias Dorsais) emerge de C4 a C8.

Iliocostal Cervical (não ilustrado). Origem nos ângulos desde T3 até T6. Inserções nas apófises transversas de C4/ C5/C6.

Longuíssimo da Cabeça (não ilustrado). Origem nas apófises transversas de T1 a T4/T5 e nas apófises articulares de C4 a C7. Inserção na margem superior da apófise mastóide.

Longuíssimo Cervical (não ilustrado). Origem nas apófises transversas desde T1 até T4/T5. Inserção nas apófises transversas desde C2 até C6.

Espinhal da Cabeça – unido inseparavelmente ao Semi-espinhal da cabeça – (não ilustrado). Origem nas apófises transversas desde C7 a T6/T7 e nas articulares de C5/C6/C7. Inserção entre as linhas nucais inferior e superior do occipital.

Espinhal Cervical (não ilustrado). Origem na cauda do ligamento nucal , apófise espinhosa de C7. Inserção na apófise espinhosa de Áxis/C3.

Semi-espinhal Cervical (não ilustrado). Origem nas apófises transversas de T1 a T5/T6. Inserção nas apófises espinhosas desde Áxis até C5. A inervação (Divisões Primárias Dorsais) emerge de C3/C4.

OS LIGAMENTOS

Como já foi visto, os ligamentos são faixas de fibras que atam os ossos, amarrando-os uns aos outros, dando forma e firmeza à estrutura esqueletal, ao mesmo tempo em que permitem todos os movimentos.

Ligamentos Sacro-ilíacos

O *Ligamento Anterior Sacro-ilíaco* é formado por uma densa rede de faixas fibrosas que se estendem principalmente no plano horizontal, ligando as superfícies anteriores do sacro ao ílio.

O *Ligamento Posterior Sacro-ilíaco* (2) é formado de uma densa rede de faixas fibrosas que unem as superfícies posteriores do Sacro e do Ílio. Algumas fibras seguem a linha horizontal, enquanto outras seguem a linha vertical.

O *Ligamento Interósseo Sacro-ilíaco* é composto de fibras curtas localizadas dentro da junta, que ligam as tuberosidades do Ílio com as do Sacro.

Ligamentos Ísquio-Sacrais

O *Ligamento Sacro-Tuberoso* (4) é um feixe fibroso, de forma triangular, que liga a parte látero-inferior do Sacro à tuberosidade do Ísquio. Na visão da Quiroprática, este é o ligamento mais importante do corpo humano, havendo inclusive uma técnica, "LOGAN", para a correção da escoliose, cujo ajuste inicial é o do Ligamento Sacro-Tuberoso.

O *Ligamento Sacro-Espinhal* (5) é uma densa porção de fibras que liga a parte lateral do Sacro e o interior da espinha do Ísquio. As fibras deste ligamento e do ligamento sacro-tuberoso se entrelaçam para dar uma forte e densa rede de suporte.

Ligamentos dos Corpos Vertebrais

O *Ligamento Longitudinal Anterior* (6) é um grande ajuntamento de fibras que cobre dois quintos da frente dos corpos vertebrais, no sentido vertical, ligando a parte anterior de Áxis à porção superior do Sacro. Estas fibras se juntam e se mesclam com os tecidos dos discos intervertebrais, onde ficam solidamente atados. No percurso sobre os corpos vertebrais estas fibras são mais folgadas, porém mais espessas.

O *Ligamento Longitudinal Posterior* (7) se estende verticalmente dentro do canal neural, ao longo das partes posteriores dos corpos vertebrais, ligando o lado inferior de Áxis à parte superior do Sacro. Suas fibras são intimamente mescladas às fibras dos discos intervertebrais. É mais largo na parte superior, estável na região torácica e inicia um estreitamento gradativo em L1, sendo que, ao atingir a região lombo-sacral, tem a metade da largura observada em L1.

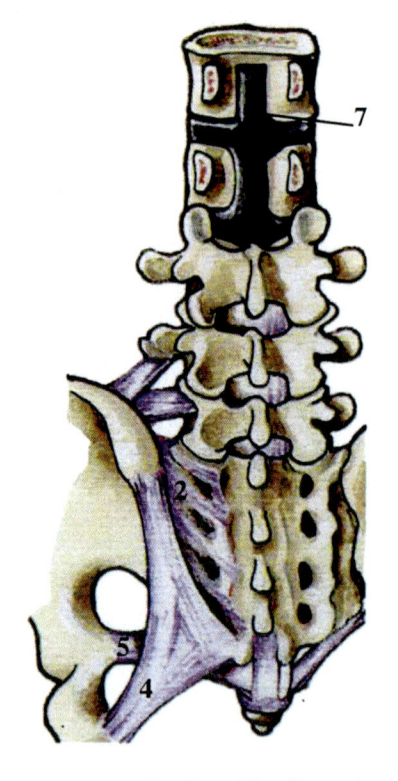

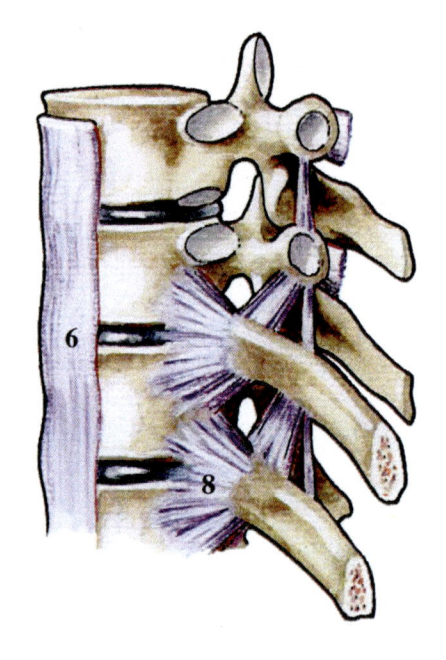

Ligamentos da Região Lombosacral
(vista posterior)

Juntas Costovertebrais
(vista lateral esquerda)

Ligamentos Costo-Vertebrais

O *Ligamento Capsular* circunda toda a junta costo-vertebral, sendo que na parte posterior algumas fibras passam através do orifício intervertebral, unindo-se à parte posterior do disco.

O *Ligamento Radiário* (8) movimenta as fibras para fora da cabeça da costela (como um ventilador), movimento este de maior proporção nas partes superior, inferior e anterior. Estas fibras se mesclam com os tecidos das margens da faceta ou semifaceta da vértebra e do disco intervertebral.

O *Ligamento Intra-Articular* consiste em fibras curtas encontradas no interior da junta das costelas que se articulam com as semifacetas da vértebra próxima. Propicia a divisão superior e inferior da junta, onde se desenvolvem os sacos sinoviais. Por oferecer pouco suporte, não é importante na estabilização da estrutura.

Ligamentos Crânio-Cervicais

O *Ligamento Nuchae* é um feixe fibroso que se estende desde a protuberância occipital externa inferior até o meio do pescoço, ligando, a partir daí, cada processo espinhal até C7.

A estrutura atípica de Atlas e Áxis necessita de ligamentos especiais:

O *Ligamento Transverso* (9) se estende por cima da parte anterior do anel de Atlas, mantendo o processo odontóideo em íntima articulação com o arco anterior (de Atlas).

O *Ligamento Occipito-Axial* (10) (membrana tetorial) é um largo feixe de fibras que se estende verticalmente ao longo da parte posterior do processo odontóideo, se unindo à extremidade anterior do grande orifício.

Os *Ligamentos Alares* (11) (odontóideos) são feixes de fibras que se estendem de cada lado do processo odontóideo em direção superior e lateral, unindo-se nas partes medianas aos côndilos do occipício.

O *Ligamento Odontóideo Apical* (12) é uma solitária fileira de fibras que se estende desde o ápice do odontóideo até a margem anterior do grande orifício.

Os *Outros Ligamentos da Espinha* não são relevantes para a Quiroprática, razão pela qual deixam de ser mencionados neste trabalho.

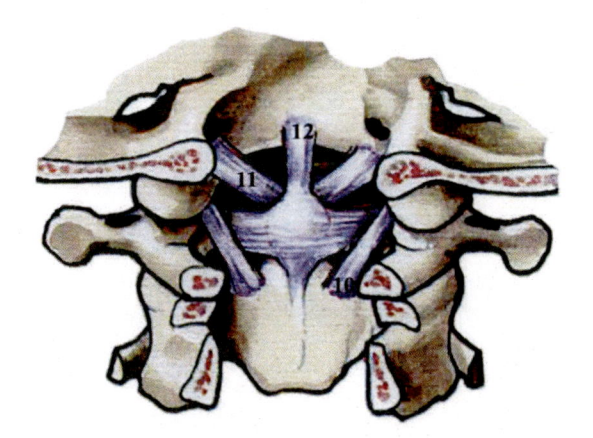

Ligamentos Crânio-cervicais Internos

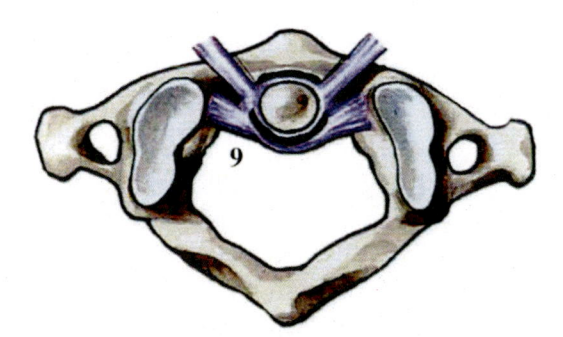

Articulação Atlanto-axial
(vista superior)

CAPÍTULO 4

CONCEITO DE SUBLUXAÇÃO

"95% de todas as perturbações (doenças) do corpo humano são causadas pela compressão ou pinçamento de um nervo no orifício de conjunção, quando há deslocamento de uma vértebra ou disco na coluna vertebral."

Janse, Housser and Wells, "Theoretical basis of chiropractic"

Quiroprática, Quiropatia ou Quiropraxia (Chiropractic em inglês) é uma ciência, uma arte e uma filosofia, que através de suaves ajustes esqueletais, reconectam-se todos os seguimentos do corpo com o cérebro, dando a este, condições de restabelecer a saúde de forma absolutamente natural, sem uso de remédios ou cirurgias.

Como ciência: O sistema nervoso é o principal coletor, coordenador e distribuidor de todas as informações e recursos naturais do corpo. Uma subluxação estrutural e/ou subluxação meningeal da coluna vertebral, desde o occipito até o sacro, vão provocar interferência ou bloqueio na transmissão dos impulsos nervosos, impossibilitando assim os processos naturais de coordenação, reparação, cura, locomoção e potencial genético. Uma subluxação vertebral provoca esse bloqueio.

A Network Spinal Analysis, que focaliza a Chiropractic de vanguarda, classifica as subluxações segundo dois tipos: a *Subluxação Estrutural:* uma compressão ou aperto do nervo que passa pelo forame vertebral ("nervo preso"), causado por um esforço mecânico ou físico, do qual o corpo não consegue se recuperar, e a *Subluxação Meningeal:* um alongamento, estiramento ou torcedura na medula espinhal e respectivos tecidos nervosos, causado por stress emocional, mental ou químico, do qual a mente não consegue se recuperar. Ambos os tipos de Subluxações Vertebrais criam um stress no sistema nervoso, que chamamos de interferência.

Como Arte: O ajuste quiroprático libera o sistema nervoso das interferências existentes, reconectando todos os segmentos ao cérebro. Cada ser, sejam quais forem os seus sintomas ou doenças, pode, sem essas interferências causadas pela subluxação, recuperar a saúde, ou no mínimo, beneficiar-se de um corpo mais flexível, melhorando assim sua qualidade de vida.

Como Filosofia: Cada ser humano possui uma inteligência inata que não só o mantém vivo, mas, também, coordena, repara, renova e cura cada célula do seu corpo.

Para Dr. Palmer, existiam três causas da doença: o trauma (físico), os venenos (químico), e a auto-sugestão (mental-emocional). Hoje essa afirmação é apoiada pela pesquisa do Dr. Candance Pert e outros, que aceitam a conexão da mente e emoções com nosso estado de saúde.

A Quiroprática como ciência, arte e filosofia utiliza os poderes naturais e inatos de recuperação do corpo humano, facilitando sua reintegração neurológica e biomecânica.

Esses tipos de subluxação necessitam ser analisados através de uma séria anamnese. Identificada a subluxação, o passo seguinte será a seleção do ajuste mais adequado para aquela situação dentre as muitas possibilidades, levando-se em consideração o estado geral do paciente, a experiência do quiroprático, as instalações do consultório, a legislação local etc.

Um exemplo muito curioso da capacidade de adaptação da quiroprática deu-se nos Estados Unidos. Em alguns estados americanos à lei é muito rígida quanto a manipulação, levando os profissionais locais a desenvolverem um aparelho, chamado "ativator", que requer uma técnica própria e dispensa o contato manual. Entretanto, este aparato, pela sua suavidade, mostrou-se tão eficiente que foi adotado por outros doutores, para atendimento a bebês, pessoas idosas com osteoporose, pacientes crônicos ou em fase aguda.

Além da anamnese, a narração do acidente causador do trauma pode ser de extrema importância no diagnóstico, pois evidencia para o terapeuta o tipo de distorção ocorrido com cada vértebra. Por exemplo, quando um carro é freado bruscamente, ou no caso de uma colisão, o motorista terá a cabeça arremessada violentamente para a frente e para trás, causando na cervical o conhecido "efeito chicote". Nesse caso as subluxações cervicais – graves, mas de fácil correção – serão, geralmente, anteriores (em flexão) e posteriores (em extensão). Os ajustes, para esse tipo de problema, poderão ser efetuados com o paciente sentado, em pé, supino ou prono, conforme lhe for mais confortável.

Imaginemos um outro tipo de acidente, no qual o motorista bate com a cabeça no teto do carro, ao passar sobre uma lombada. A fixação será axial, isto é, haverá uma compressão cervical. No primeiro caso o paciente sentirá dores, mas em ambos haverá perda da mobilidade cervical e, não havendo a correção no posicionamento das vértebras, surgirão as conseqüências: dores de cabeça, perda gradativa da visão, da audição, do olfato, de memória, tontura, náusea, desmaios, dores nos braços, adormecimento nas mãos etc., dependendo da violência do acidente e da altura onde houve o pinçamento.

O comprometimento causado pela subluxação depende da área, tamanho, forma e movimento de cada vértebra, além da estrutura do orifício intervertebral. A importância de uma peça articular varia conforme a região a que ela pertence. Enquanto o disco intervertebral e a posição do sacro são vitais para a região lombar, para a região torácica vital é a posição das costelas, assim como para a cervical é o posicionamento da cabeça. E assim por diante.

A seguir, a ilustração das diversas possibilidades de subluxações, conforme designação do National College of Chiropractic, que toma por referência o alinhamento do corpo vertebral quanto aos processos articular, transverso e mamilar. Entre parênteses outras designações que tomam por referência os desvios do processo espinhal.

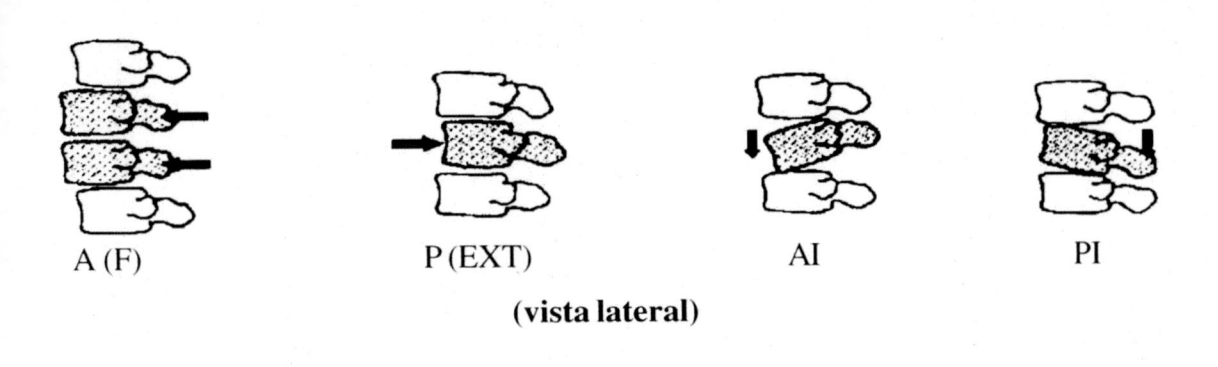

| A (F) | P (EXT) | AI | PI |

(vista lateral)

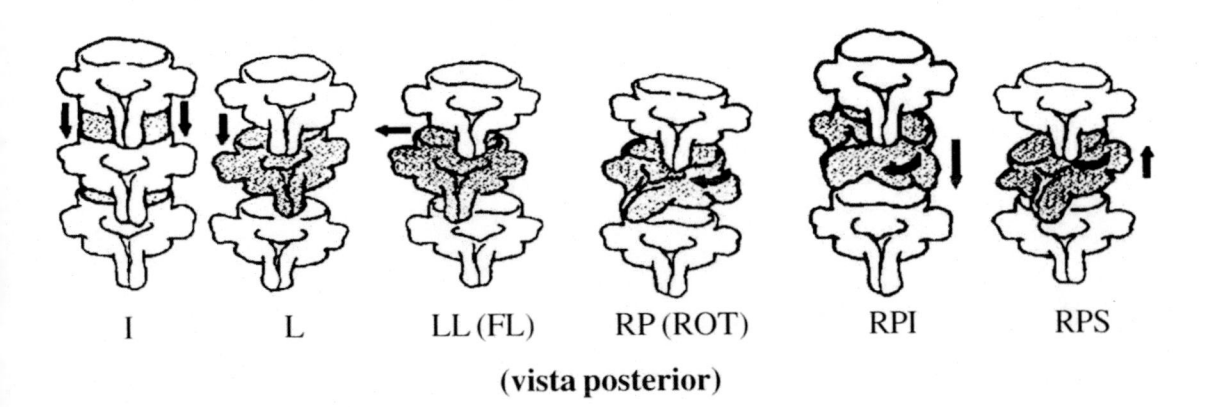

| I | L | LL (FL) | RP (ROT) | RPI | RPS |

(vista posterior)

A anterior ou (**F** flexão) – **P** posterior ou (**EXT** extensão) – **I** inferior – **S** superior – **R** direita – **L** esquerda – **AI** anterior-inferior – **PI** posterior-inferior – **LI** esquerda inferior – **LL** esquerda lateral ou (**FL** flexão lateral) – **RP** direita posterior ou (**ROT** rotação) – **RPI** direita posterior-inferior – **RPS** direita anterior-superior.

CAPÍTULO 5

O SISTEMA NERVOSO

Este é um dos pontos mais importantes para o entendimento da Quiroprática, pois ela se baseia na dor reflexa. Para esta ciência, arte e filosofia, o sintoma é apenas o efeito e não a causa. Se a raiz de um nervo está inflamada por um pinçamento, causado pelo deslocamento de uma articulação, a dor poderá se manifestar em qualquer altura do curso daquele nervo ou de seus derivados (metâmero). Caso o tratamento não inclua o desbloqueio local, será apenas paliativo e terá efeito temporário.

Divisões quanto à Anatomia

O Sistema Nervoso se divide em Sistema Nervoso Central e Sistema Nervoso Periférico.

Do Sistema Nervoso Central fazem parte o *Encéfalo* e a *Medula Espinhal*.

Do Sistema Nervoso Periférico fazem parte os *Nervos* (12 pares Cranianos e 31 pares Espinhais), *Gânglios* e *Terminações Nervosas* ou *Neurônios*.

O *Encéfalo*, a parte do sistema nervoso central que está contida no crânio, é formado pelo cérebro, cerebelo e tronco encefálico.

O *Cérebro* é formado por bilhões de células nervosas, responsáveis pelo processamento de quase todas as informações que possibilitam o funcionamento e a expressão da máquina humana.

O *Cerebelo* comanda o funcionamento dos movimentos voluntários.

O *Tronco Encefálico* liga o cérebro à medula espinhal, além de controlar as funções automáticas do organismo.

A *Medula Espinhal* (1) é o prolongamento do tronco encefálico, que desce pela coluna vertebral até a altura de L2/L3 nos adultos, e de L4 nas crianças. Em sua massa cinzenta estão, entre outros neurônios, os corpos celulares dos nervos espinhais *Eferentes*, enquanto em sua massa branca, formada de feixes de fibras neuronais, estão as grandes vias *Aferentes* de comunicação, que ligam os nervos espinhais aos núcleos superiores do encéfalo.

Os *Nervos* são prolongamentos do *Encéfalo* ou da *Medula*. Os nervos que têm origem no Encéfalo são chamados de Nervos Cranianos. Existem 12 pares de Nervos Cranianos, por ordem: *Olfatório, Óptico, Oculomotor, Troclear, Trigêmio, Abducente, Facial, Vestíbulo-coclear, Glossofaríngeo, Vago, Acessório* e *Hipoglosso*. Esses nervos são os condutores dos impulsos necessários a alguns sentidos, como: olfato, visão, paladar, audição, equilíbrio, além de responsáveis pela conexão com a face, língua, laringe, faringe, dentes e algumas glândulas. Os *Nervos Espinhais* (2) são prolongamentos da medula, que saem por entre as vértebras, através dos forames vertebrais. Cada segmento medular inerva uma parte do corpo. São ao todo 31 pares, denominados conforme a região da coluna de onde emergem: 8 pares cervicais, 12 pares torácicos, 5 pares lombares, 5 pares sacrais e 1 par coccígeo. Logo abaixo do cone terminal da medula em L2/L3, o canal vertebral é ocupado, primeiramente pelo prolongamento das meninges e raízes dos últimos nervos espinhais (cauda eqüina (7) e, depois, desde a altura da espinha ilíaca póstero-superior até S2, pelo espaço subaracnóideo (8), onde está contido o Líquido Céfalorraquidiano.

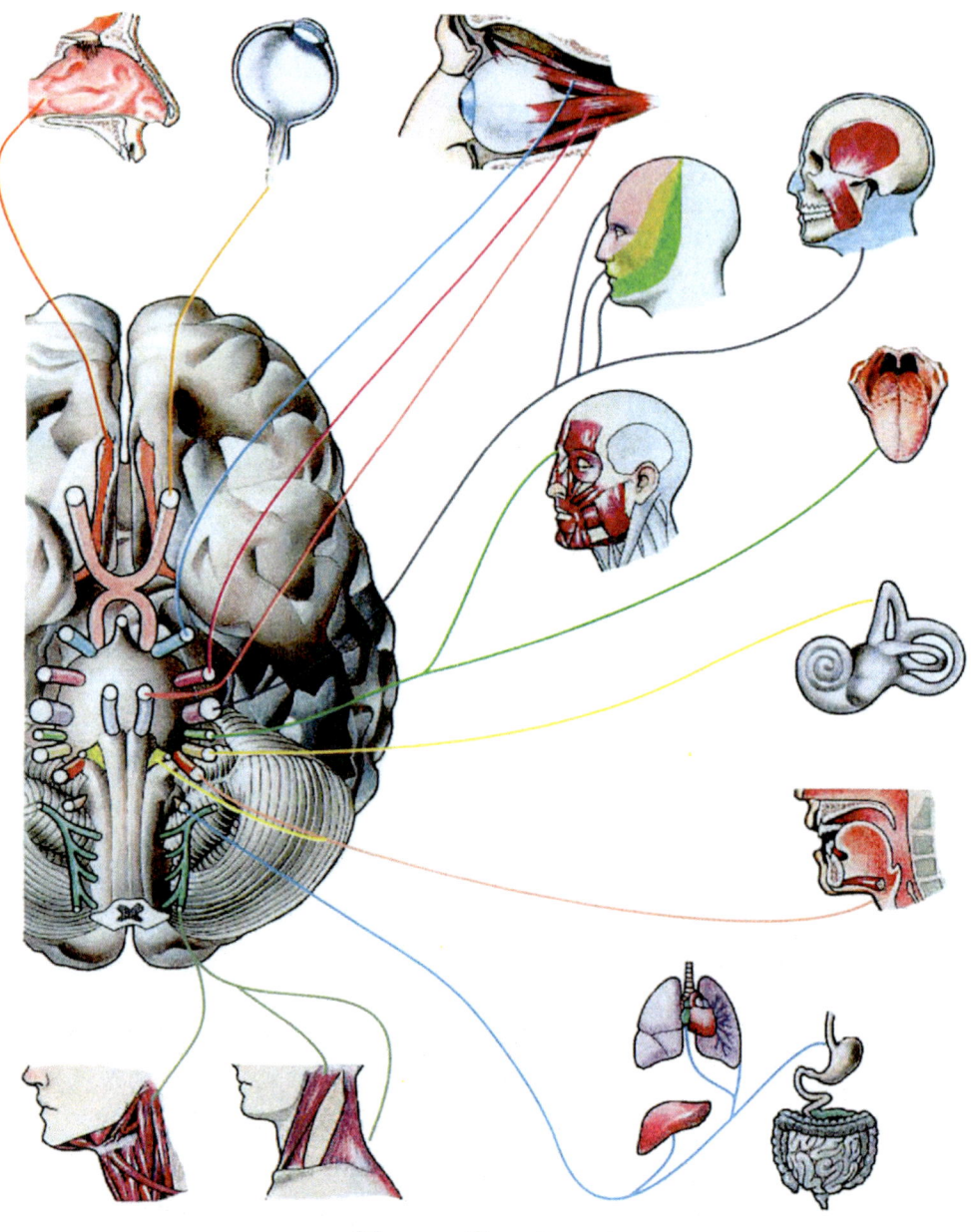

Nervos Cranianos
(pela ordem do sentido horário)

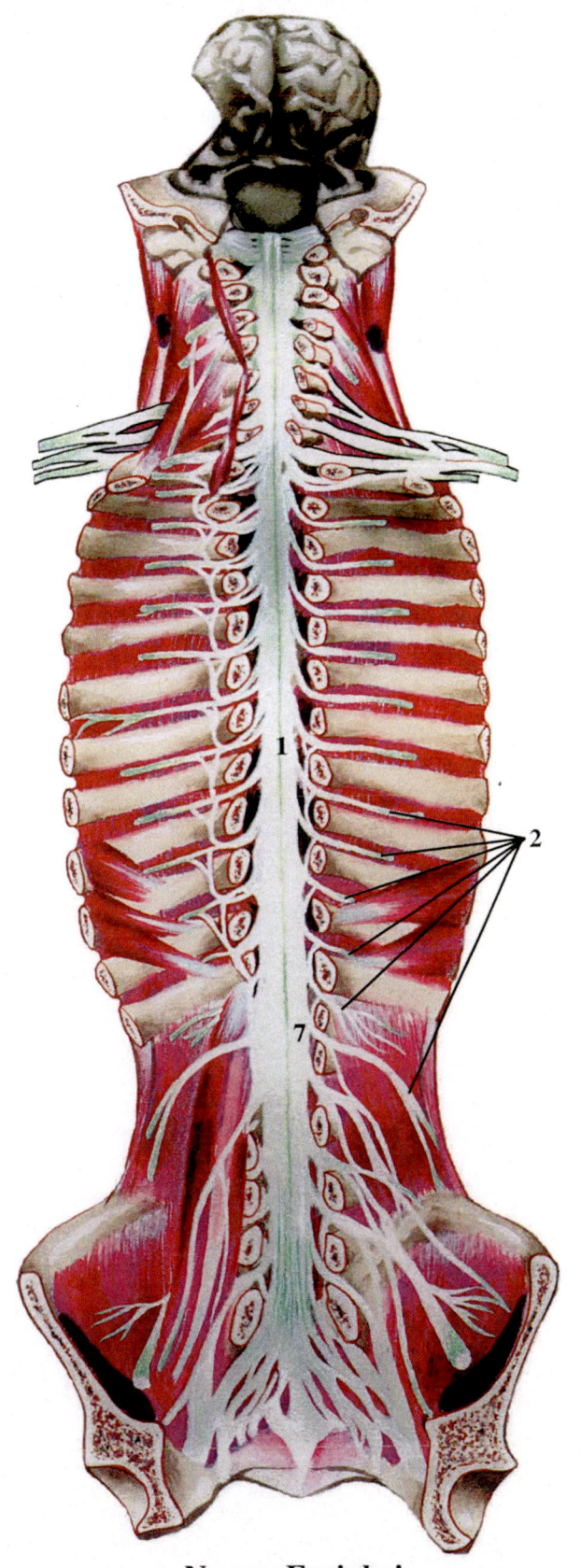

Nervos Espinhais
(vista interna)

Os *Gânglios* (3) são nódulos formados pelos corpos celulares dos neurônios. Desses gânglios saem as fibras nervosas que inervam estruturas viscerais, órgãos e tecidos. Por sua localização podem ser classificados de pré-vertebrais ou paravertebrais.

O *Neurônio* é a célula básica do sistema nervoso e conduz o impulso elétrico de todas as partes, para todas as partes do corpo, transmitindo este impulso de uma para outra célula através da Sinápse (ponto de contato entre dois neurônios). Segundo a função que exercem, podem ser classificados por: *Neurônios Sensitivos* ou *Aferentes*, os que levam a informação desde a pele, ou outra região sensorial mais profunda, para o sistema nervoso central; *Neurônios Motores* ou *Eferentes*, os que trazem o impulso elétrico do sistema nervoso central para os músculos, órgãos e glândulas; e, finalmente, os *Neurônios Internunciais*, que carregam a informação entre o mesmo grupo de neurônios (apenas para os aferentes ou apenas para os eferentes).

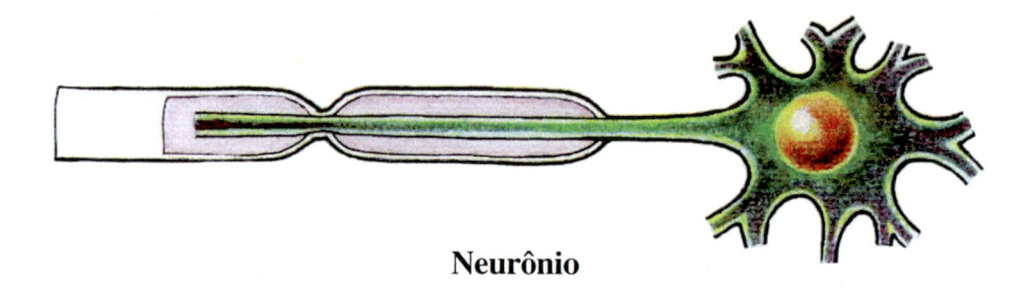

Neurônio

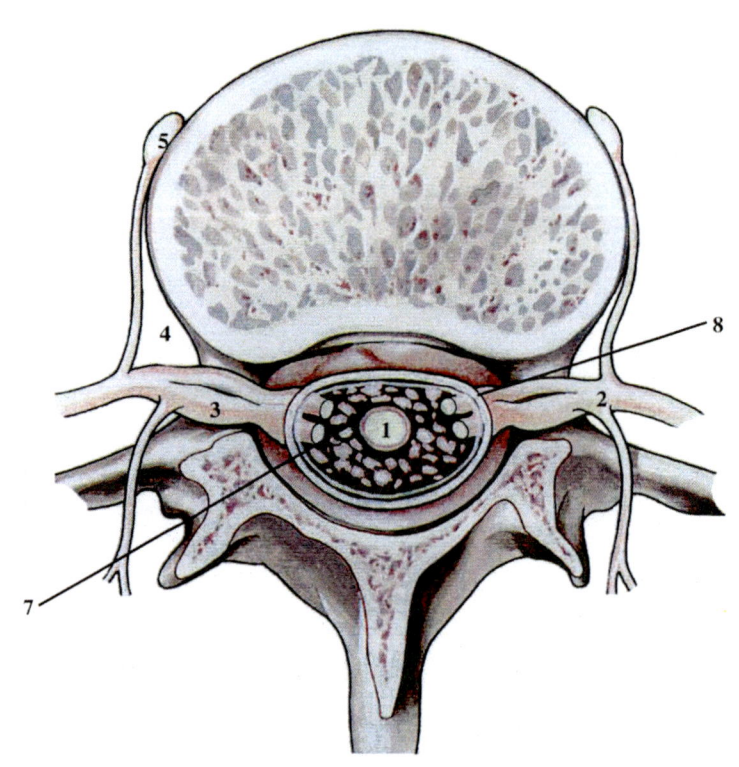

**Origem de Nervo Espinhal da
Região Lombar**

Divisão quanto à Função

De acordo com a função, o sistema nervoso se divide em: Sistema Nervoso Somático e Sistema Nervoso Visceral, ou Autônomo.

O *Sistema Nervoso Somático* relaciona o organismo com o ambiente físico. Suas *Fibras Aferentes* levam ao sistema nervoso central, as informações sobre o ambiente externo, enquanto as *Fibras Eferentes* (que inervam os músculos estriados) conduzem os impulsos voluntários. O *Sistema Nervoso Visceral*, que se divide em *Sistema Nervoso Simpático* e *Sistema Nervoso Parassimpático*, atua em nível subconsciente. É o sistema nervoso da vida vegetativa, da vida orgânica.

O *Sistema Nervoso Simpático* ou *Tóracolombar* tem origem desde T1 até L2 ou L3. Sua característica principal é a formação de gânglios paravertebrais e pré-vertebrais. Desses gânglios, onde se situam os corpos celulares dos neurônios, saem as fibras nervosas que inervam estruturas viscerais, órgãos e tecidos, regulando o funcionamento respiratório, circulatório, digestivo, metabólico, controlando a temperatura corporal, a pressão arterial, o funcionamento glandular etc.

O *Sistema Nervoso Parassimpático* ou *Craniossacral* tem origem nos pares de nervos cranianos III (Óculomotor), VII (Facial), IX (Glossofaríngeo) e X (Vago), além dos segmentos nervosos de S2, S3 e S4. Os três primeiros pares de nervos cranianos (III, VII e IX), dirigem suas fibras nervosas para vários segmentos da cabeça, enquanto os pares nervosos sacrais inervam o cólon descendente, o reto, a bexiga e os órgãos reprodutores. O par X de nervos cranianos, o Nervo Vago, tem por função integrar o sistema nervoso central aos músculos da faringe, laringe, coração, pulmões e órgãos do abdome, fazendo a ponte entre os ramos cranianos e os ramos sacrais desse sistema.

Para a Quiroprática, o conhecimento da localização e percurso desses pares de nervos é de vital importância, pois toda a técnica de ajustes depende do conhecimento da correlação entre as causas primária (o bloqueio que deu origem a todo o processo), secundária (bloqueios ocasionados por compensação) e o efeito (a manifestação destes bloqueios, através de suas vias de comunicação).

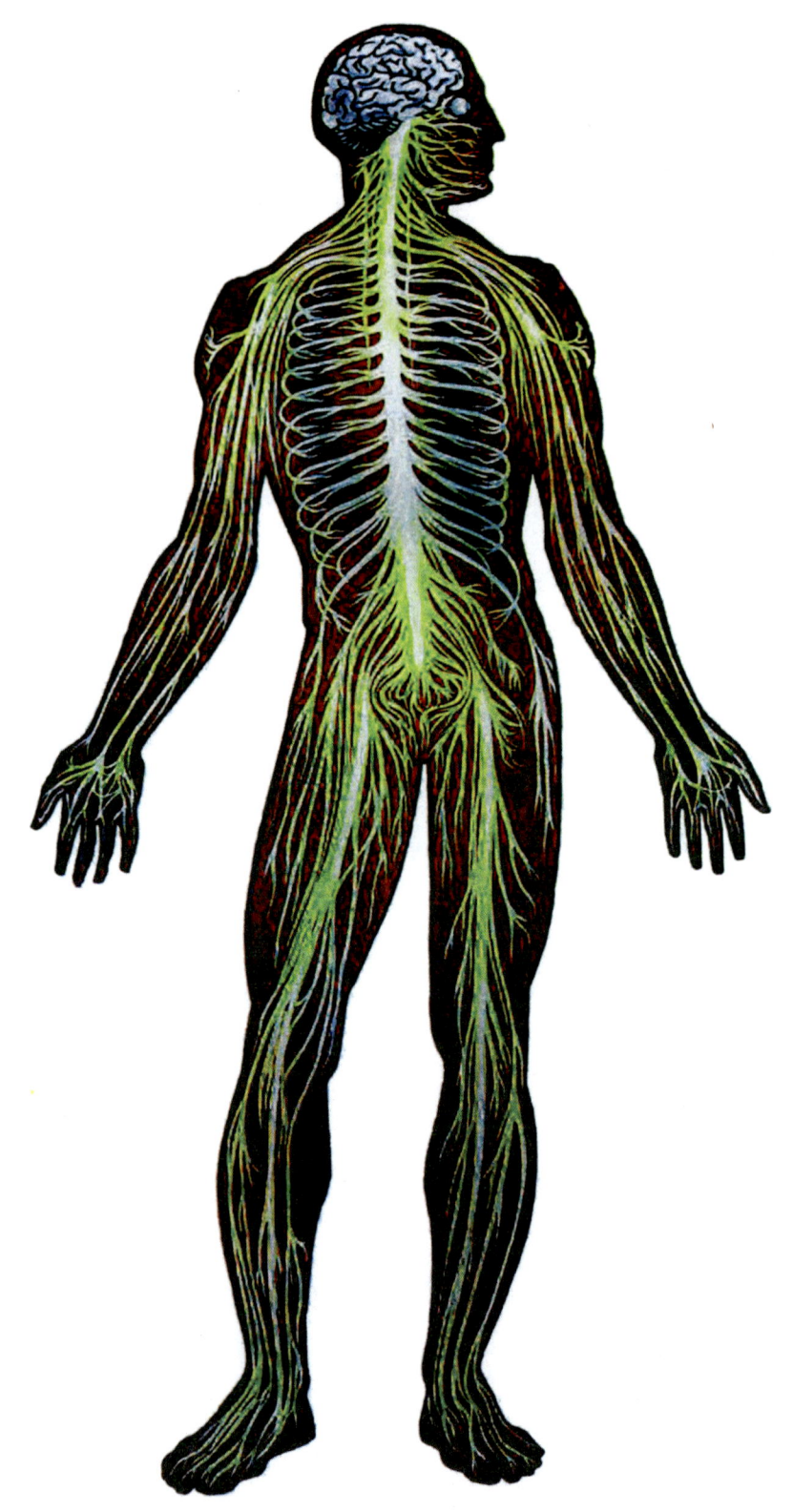

Detalhe do Sistema Nervoso
(vista anterior)

QUADRO DE EFEITOS CAUSADOS POR SUBLUXAÇÕES ESPINHAIS

VÉRTEBRA	ÁREA DE INERVAÇÃO	EFEITO
C1	Irrigação da cabeça, glândula pituitária, couro cabeludo, ossos da face, cérebro, ouvido interno e médio, sistema nervoso simpático.	Dores de cabeça, nervosismo, insônia, resfriados, hipertensão arterial, enxaqueca, esgotamento nervoso, amnésia, cansaço crônico, vertigem.
C2	Olhos, nervos óticos, nervos auditivos, sinus, ossos mastóides, língua, porção anterior e póstero superior da cabeça.	Problemas sinusiais, alergias, estrabismo, rápida perda de audição ou visão sem motivo aparente, alguns casos de cegueira.
C3	Bochechas, ouvido externo, ossos da face, dentes, nervo trifacial.	Nevralgia, neurites, acne ou espinhas, eczema.
C4	Nariz, lábios, boca, tubo eutaschiano.	Febre de feno, secreções, perda de audição sem motivo aparente, adenóides.
C5	Cordas vocais, glândulas do pescoço, faringe.	Laringite, rouquidão, dor de garganta, amigdalite.
C6	Músculos do pescoço, ombros e tonsilhas.	Rigidez do pescoço, dor no braço superior externo, amigdalites, coqueluche.
C7	Tireóide, bolsas da região dos ombros, cotovelos.	Bursites, resfriados, problemas de tireóide.
T1	Esôfago, traquéia, porção do braço abaixo do cotovelo, punhos e dedos.	Asma, resfriados, dificuldades respiratórias, dor no antebraço e mãos.
T2	Coração, incluindo válvulas, envoltórios e artérias coronárias.	Funções cardíacas, condições do tórax, dor na região superior das costas.
T3	Pulmões, brônquios, pleura, tórax e peito.	Bronquite, pleurite, pneumonia.
T4	Vesícula biliar, ducto biliar comum.	Condições da vesícula biliar, icterícia, herpes zoster.
T5	Fígado, plexo solar, circulação sangüínea.	Condições do fígado, febre, hipertensão arterial, anemia, circulação deficiente, artrite.
T6	Estômago.	Problemas gástricos, indigestão, pirose, dispepsia.
T7	Pâncreas, duodeno.	Úlceras e gastrite.
T8	Baço, diafragma.	Baixa resistência, soluço.
T9	Glândulas adrenal e suprarenal.	Alergias, urticária.
T10	Rins.	Problemas renais, endurecimento das artérias, cansaço crônico, nefrite, pielite.
T11	Rins e uréter.	Condições da pele, acne ou espinhas, eczema, furúnculo.
T12	Intestino delgado, circulação linfática.	Reumatismo, flatulência, alguns casos de esterilidade.
L1	Intestino grosso, anéis inguinais.	Constipação, colite, disenteria, diarréia, alguns casos de hérnia.
L2	Apêndice, abdome, região superior das pernas.	Cãibra, dificuldade respiratória, acidose, veias varicosas.
L3	Órgãos sexuais, útero, bexiga, joelhos.	Problemas menstruais (dor ou irregularidade), impotência, dor nos joelhos.
L4	Próstata, musculatura lombar, nervo ciático.	Ciática, lumbago, problemas urinários, dor nas costas.
L5	Porção inferior das pernas, tornozelos e pés.	Circulação, cãibras, inchaço, fragilidade nas pernas e tornozelos.
SACRO	Ossos do quadril e nádegas.	Condições do sacro- ilíaco e curvaturas espinhais.
CÓCCIX	Reto e ânus.	Hemorróidas, prurites, dores na base da base da coluna quando sentado.

Fonte: Texto Sistema Nervoso, editado pelo Ibraqui (Instituto Brasileiro de Quiropatia), em 1988, com modificações.

CAPÍTULO 6

EXAME DO QUADRIL E PELVE

1. PACIENTE EM PÉ E DE COSTAS, com o mínimo possível de roupa.

Medição visual ou com fio de prumo de C7 ao Interglúteo.

Se há desvio para algum lado, pode ser:
• Escoliose.
Terapeuta coloca um calço que eleve o lado mais baixo.

Se o desequilíbrio continua, pode ser:
• Escoliose Fixada.
O equilíbrio da bacia se restabelece, quando a coluna ainda conserva a flexibilidade.

Pode tratar-se de uma atitude escoliótica causada por:
• Bloqueio Lateral Lombar.
• Bloqueio de Sacro-Ilíaco.

2. PACIENTE SENTADO (para eliminar efeitos provocados pelas extremidades inferiores).

Terapeuta observa se:
a) Pende para um lado, mesmo involuntariamente.
b) A inclinação é do lado da dor, ou do lado contrário.

3. PACIENTE SE INCLINA LATERALMENTE (à direita e à esquerda).

Terapeuta observa se:

Tem problemas para endireitar o corpo, pode ser:
• Bloqueio Lombar
• Bloqueio torácico baixo.

Pende para o lado dolorido:
• Bloqueio Lombar.

Pende para o lado contrário da dor:
• Bloqueio Lombar.
• Hérnia Discal (L3 e L4 provavelmente).

Endireita o corpo, mas a amplitude é diferente:
• Bloqueio Lombar.
• Bloqueio de Sacro-Ilíaco.

- Hérnia Discal.
- Inflamação Ligamentar Sacro-Ilíaco.

4. PACIENTE EM PÉ FLEXIONA O TRONCO (Tenta tocar o solo, sem dobrar os joelhos).

Terapeuta observa se:
A dor diminuiu ou desapareceu:
- Bloqueio Lombar Posterior.

A dor aumentou:
- Bloqueio Lombar Anterior.
- Bloqueio Sacro-Ilíaco

Na Flexão desvia Lateralmente (pende para um lado):
- Bloqueio Lombar Anterior.
- Hérnia Discal.

5. O PACIENTE SE INCLINA PARA TRÁS (extensão)

Terapeuta observa se:
O movimento é doloroso:
- Bloqueio Lombar Posterior.

A amplitude é reduzida ou a dor é violenta:
- Bloqueio Torácico Inferior.
- Hérnia de Disco (na dor violenta).

6. PACIENTE CAMINHA COM OS CALCANHARES.

Terapeuta observa se:
Sente dor ou desconforto:
- Bloqueio de L4 ou L5.

Terapeuta pede para o paciente caminhar nas pontas dos pés e observa se:
Sente dor ou desconforto:
- Bloqueio de L5 ou S1.

7. PACIENTE SE APOIA AO ESPALDAR DE UMA CADEIRA, ELEVANDO-SE NA PONTA DE UM PÉ, DEPOIS DO OUTRO (um de cada vez).

Terapeuta observa se:
Sente dor ou desconforto, pode ser:
- Bloqueio lombar.
- Hérnia de Disco.
- Paralisia ou Semiparalisia do Ciático ou Jarrete Externo.

8. PACIENTE ANDANDO DE FRENTE PARA O TERAPEUTA QUE OBSERVA SE:

Um pé está mais afastado:
- Bloqueio Sacro-Ilíaco.
- Rotação para trás da asa ilíaca.

Um pé está mais para dentro:
- Bloqueio Sacro-Ilíaco.
- Rotação para a Frente da Asa Ilíaca.

9. PACIENTE FICA DE COSTAS.

Terapeuta compara: linhas, rugas, dobras, cavidade dos glúteos e subglúteos, caso haja diferença, compara novamente com o paciente de pé, sentado e prono.

Se a diferença é uma Inclinação entre as linhas ou dobras, pode ser:
- Bloqueio do Sacro-Ilíaco.

Uma báscula de bacia, pode ser:
- Bloqueio de Sacro-Ilíaco Inferior.
- Inclinação Lateral do Sacro.
- Sublinha glútea mais baixa.

A linha da cintura inclinada, pode ser:
- Bloqueio Lombar
- Bloqueio torácico Baixo.

O quadril mais alto de um lado, mesmo quando deitado (ainda que fora de crise), pode ser:
- Rotação da Asa Ilíaca
- Bloqueio do Sacro.

10. PACIENTE SE DEITA DE BRUÇOS, BRAÇOS ESTENDIDOS SEGURANDO A CABECEIRA DA MESA.

Terapeuta procede a medição dos maléolos e observa as Linhas Glúteas, Sub-Glúteas, Crista Ilíaca, Michaelis etc.

Se a perna é mais curta anatomicamente:
- Nada a fazer. Usar palmilha.

Se a perna é mais curta eventualmente, pode ser:
- Báscula de Bacia.
- Báscula de Sacro.
- Bloqueio Sacro-Ilíaco.
- Bloqueio Lombar.

O paciente trás um braço de cada vez ao longo do corpo, enquanto o outro continua estendido segurando a cabeceira.

Se a diferença entre as pernas persiste, pode ser:

- Bloqueio Sacro-Ilíaco.

Se a diferença desaparece numa das posições, pode ser:

- Bloqueio Lombar.

Por apalpação, do lado do braço que está abaixado, o terapeuta chega à vértebra bloqueada, que é marcada com um lápis dermográfico.

- No Sinal de Campainha, abster-se ou ajustar com extremo cuidado.
- Na Hérnia de Disco, fazer primeiro o ajuste específico, e evitar rotações.
- Na Dor Apenas Local preferir ajustes com o bloqueio para baixo.

INTRODUÇÃO AOS TERMOS TÉCNICOS

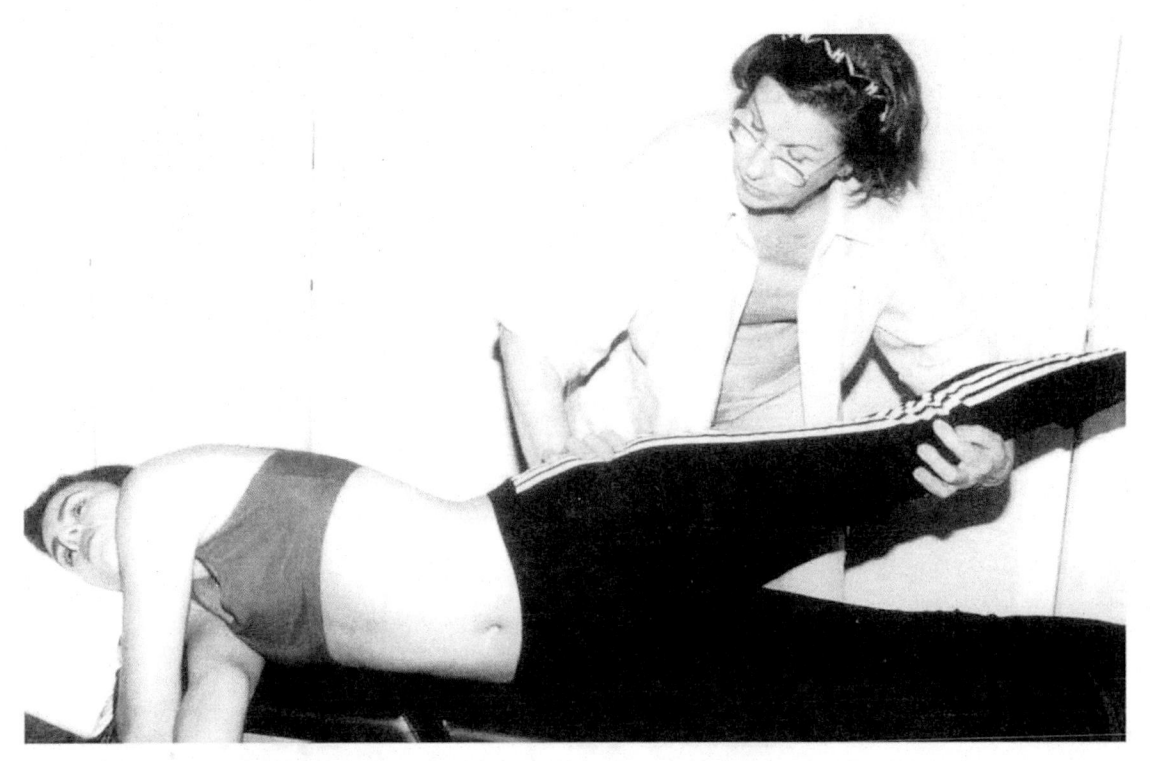

Quanto ao Paciente:

Prono – deitado de bruços
Supino – deitado de costas
Lateral – deitado de lado

Mão, braço ou perna superior – a que está virada para cima, quando o paciente está deitado lateral.

Mão, braço ou perna inferior – a que está virada para baixo (em contato com a maca), quando o paciente está deitado lateral.

Quanto ao terapeuta:

Mão, braço ou perna Superior – os membros pertencentes ao lado que está mais próximo à cabeça do paciente, ou a cabeceira da mesa de ajustes.

Mão, braço ou perna Inferior – os membros pertencentes ao lado que está mais próximo aos pés do paciente ou da mesa de ajustes.

Mão Ativa – aquela que faz o ajuste, geralmente fica sobre o bloqueio.

Mão, braço ou perna de Apoio – aquela que estabiliza, ampara, segura, prepara o ajuste, sem contudo efetuá-lo.

Pontos de contato da mão Quiroprática

Estas são as áreas que fazem contato para o ajuste quiroprático, as mais comuns são o PISIFORME (1) e as INTERFALANGES DO DEDO INDICADOR (5, 6 e 7). Cada ajuste requer um contato específico, porém nada impede que o profissional eleja um outro de sua conveniência para maior conforto próprio ou do paciente.

1 – Pisiforme
2 – Hipotenar ou externo
3 – Metacarpo
4 – Digital
5 – Interfalange distal
6 – Interfalange proximal
7 – Falange metacarpal
8 – Dedo médio
9 – Dedo indicador
10 – Polegar
11 – Membrana entre dedos
12 – Tênar
13 – Calcâneo
14 – Palmar

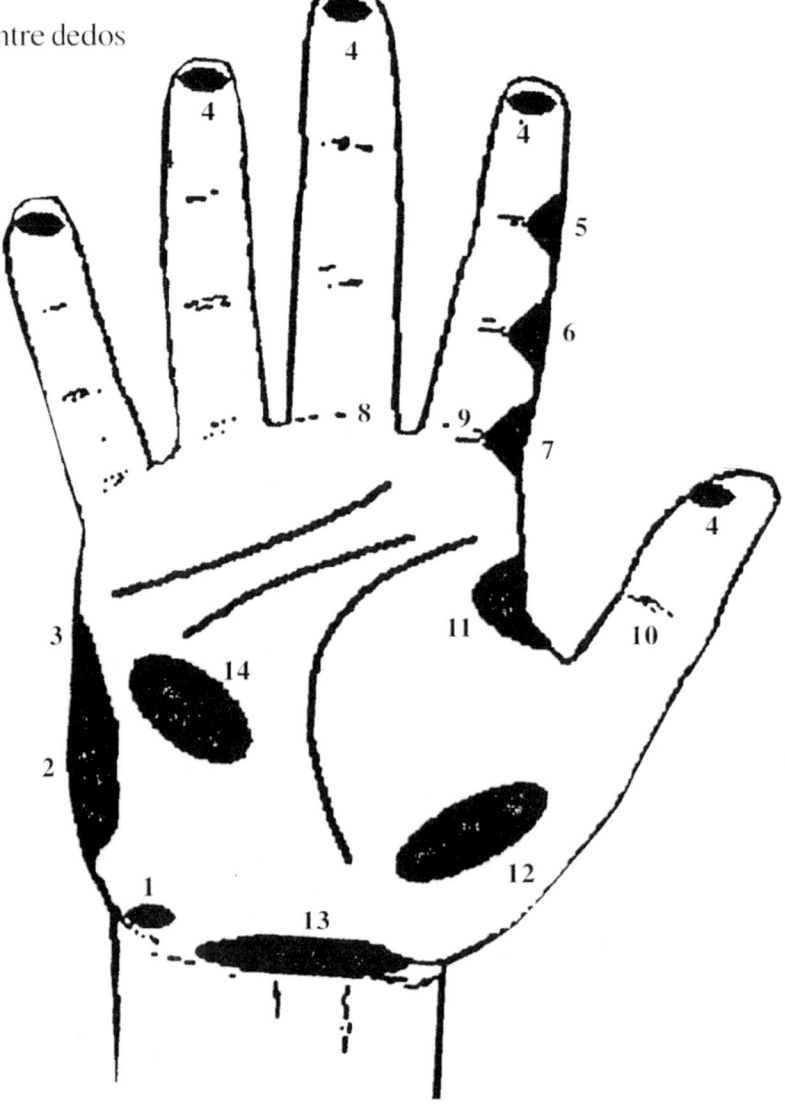

CAPÍTULO 7

DESBLOQUEIOS DA REGIÃO LOMBAR

AJUSTE GERAL DIRETO

Este é o mais antigo dos ajustes. Tanto pode ser praticado em decúbito lateral com a fixação para cima, no caso de pacientes obesos ou mais tensos, como com a fixação para baixo, em pacientes mais leves. A única diferença é quanto ao contato com a apófise, que será do lado superior da raque, se o bloqueio estiver para cima, ou do lado inferior da raque, se o bloqueio estiver para baixo.

• Paciente de lado, bloqueio para baixo ou para cima, tronco torcido para trás de tal forma que o ombro superior quase toca a maca. Mão inferior fica sob a cabeça enquanto a mão superior descansa sobre o peito.

A perna inferior mantém pequena flexão enquanto a perna superior se projeta no vazio.

• Terapeuta de frente para o paciente, debruçado sobre ele, com sua perna inferior sobre a perna superior do paciente (contato coxa a coxa ou joelho a joelho).

• Mão Superior (mão ativa) cujo braço está entrelaçado ao braço superior do paciente, apoia o cotovelo no seu ombro e contata a apófise transversa da vértebra bloqueada com o polegar ou indicador (este contato como já foi explicado acima, é feito do lado bloqueado, não importando se o paciente está com a fixação para cima ou para baixo).

• Mão Inferior (a mão de apoio) fica espalmada sobre a nádega superior do paciente.

• A Execução é feita em quatro movimentos simultaneamente sincronizados: a mão de apoio puxa a nádega para o terapeuta, enquanto a perna superior é empurrada para

baixo pelo contato coxa a coxa. O cotovelo da mão ativa firma o ombro do paciente mantendo a rotação. O indicador, ou o polegar, colocado sobre a apófise transversa aumenta a pressão, desbloqueando a vértebra.

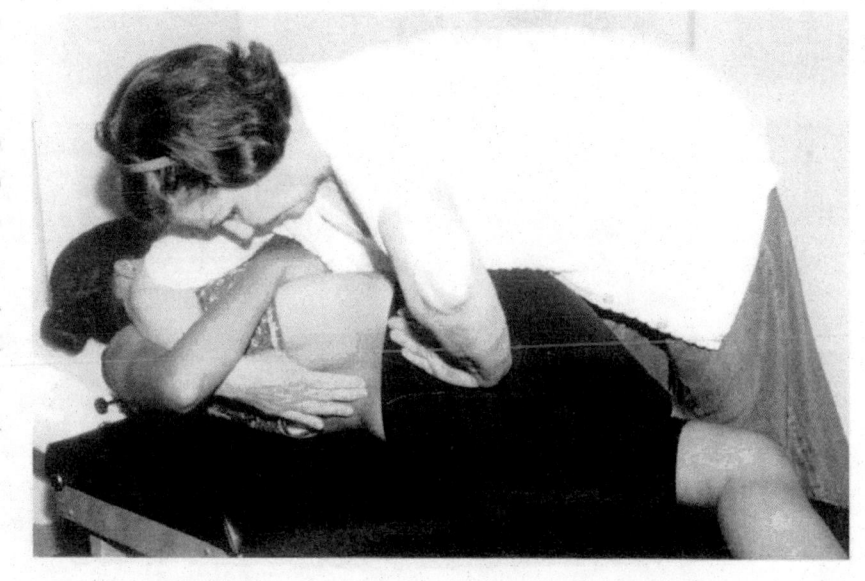

AJUSTE GERAL INDIRETO

Este ajuste é recomendado para Hérnia Discal e quando a Rotação ou a Inclinação Lombar acontece do lado contrário da dor. Pode ser aplicado em pessoas mais leves e doentes crônicos.

A preparação do Ajuste Indireto é exatamente igual ao do Ajuste Direto, sendo que a diferença entre eles está apenas no local do contato que, nesse caso, se faz na apófise transversa, do lado contrário ao bloqueio.

•Paciente de lado, bloqueio para baixo ou para cima, tronco torcido para trás de tal forma que o ombro superior quase toca a maca. Mão inferior fica sob a cabeça enquanto a mão superior descansa sobre o peito.

A perna inferior mantém pequena flexão enquanto a perna superior se projeta no vazio.

•Terapeuta de frente para o paciente, debruçado sobre ele, com sua perna inferior sobre a perna superior do paciente.

•Mão Superior (a mão ativa) com o braço enlaçado pelo braço superior do paciente, apoia o cotovelo no seu ombro e contata a apófise transversa do lado oposto da vértebra bloqueada com o polegar ou indicador (este contato como já foi explicado acima, é feito do lado contrário do bloqueio, não importando se o paciente está com a fixação para cima ou para baixo).

•Mão Inferior (mão de apoio) fica espalmada sobre a nádega superior do paciente.

•A Execução é feita em quatro movimentos simultaneamente sincronizados: a mão de apoio puxa a nádega para o terapeuta, enquanto a perna superior é empurrada para baixo pelo contato coxa a coxa. O cotovelo da mão ativa firma o ombro do paciente mantendo a rotação e o indicador ou o polegar na apófise transversa no lado contrário à fixação, aumenta a pressão, desbloqueando a vértebra.

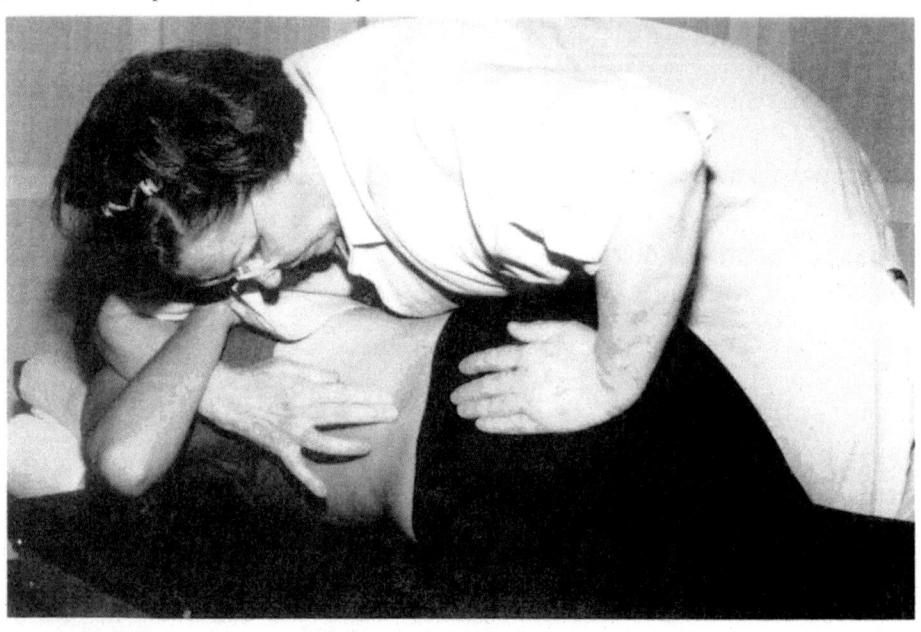

AJUSTE PARA HÉRNIA DISCAL

Este ajuste é aconselhado apenas para pequenos mamilos e é necessário que seja antecedido pelo desbloqueio do sacro ilíaco.

• Paciente sentado em uma banqueta, pés plantados, mãos sobre as coxas, cotovelos afastados do corpo, tronco bem flexionado.

• Terapeuta assinala com lápis dermográfico, a localização exata da hérnia e fica atrás do paciente, de cócoras ou também sentado em uma banqueta.

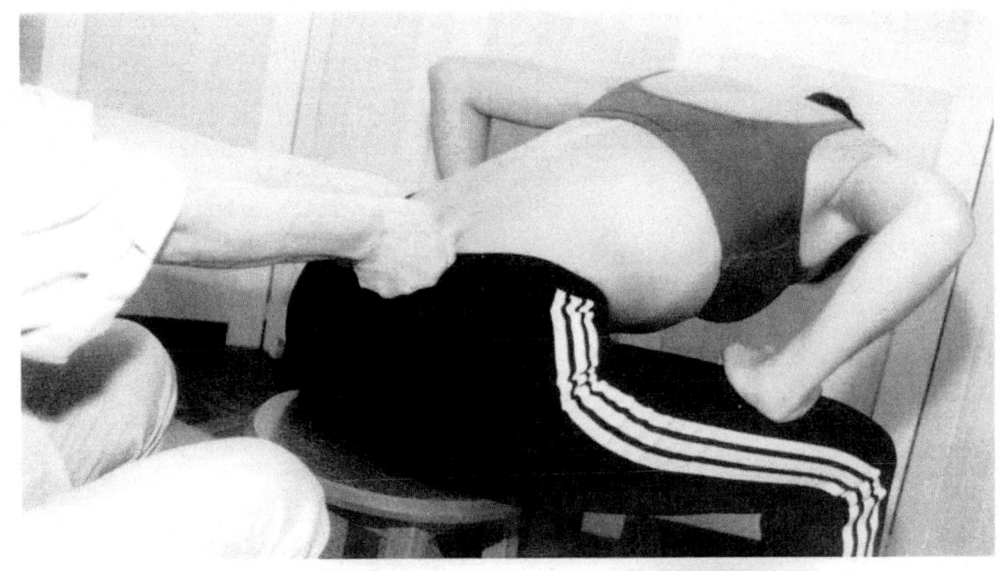

• Mão Ativa, com polegar, unha para o lado de cima, na raque, sobre a hérnia (esse apoio deverá ser forte e provocará dor na perna homolateral).

• Mão de Apoio, com polegar sobre a marca do outro lado da raque, apenas para estabilizar.

• Execução: paciente vai endireitando o corpo, num movimento lento e contínuo, apoiando-se nas mãos sobre as coxas, até o corpo ficar ereto, enquanto o terapeuta mantém a pressão.

Este ajuste não produz estalido e deve ser repetido diversas vezes durante a sessão. A melhora é sensível e em algumas sessões a dor começa a diminuir.

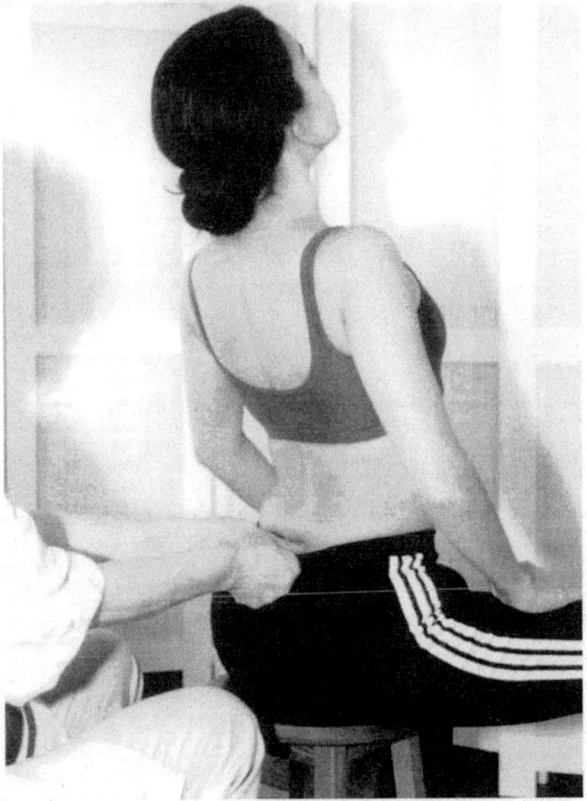

AJUSTE GERAL PARA LOMBARES EM ROTAÇÃO

Este ajuste pode ser estendido até a Torácica Baixa.

• Paciente sentado na ponta da mesa de ajuste, de pernas abertas, joelho seguran-do firmemente as bordas da mesa, corpo ereto, braço do lado contrário do bloqueio sobre o ombro homolateral e o braço do lado do bloqueio cruzado, pela frente do corpo, deixando-se tomar pelo terapeuta.

• Terapeuta agachado atrás do paciente.

• Mão Ativa com o calcâneo sobre o processo mamilar ou sobre o processo transverso, dedos apontando para a lateral.

• Mão de Apoio segura, acima do punho, o braço do paciente, que está cruza-do pela frente do corpo.

• Execução: puxando pelo punho, o terapeuta gira o tronco do paciente até eliminar a tensão. O desbloqueio acontece com o movimento sincronizado do calcâneo empurrando a lombar para a frente, enquanto a mão de apoio gira o paciente no sentido do terapeuta.

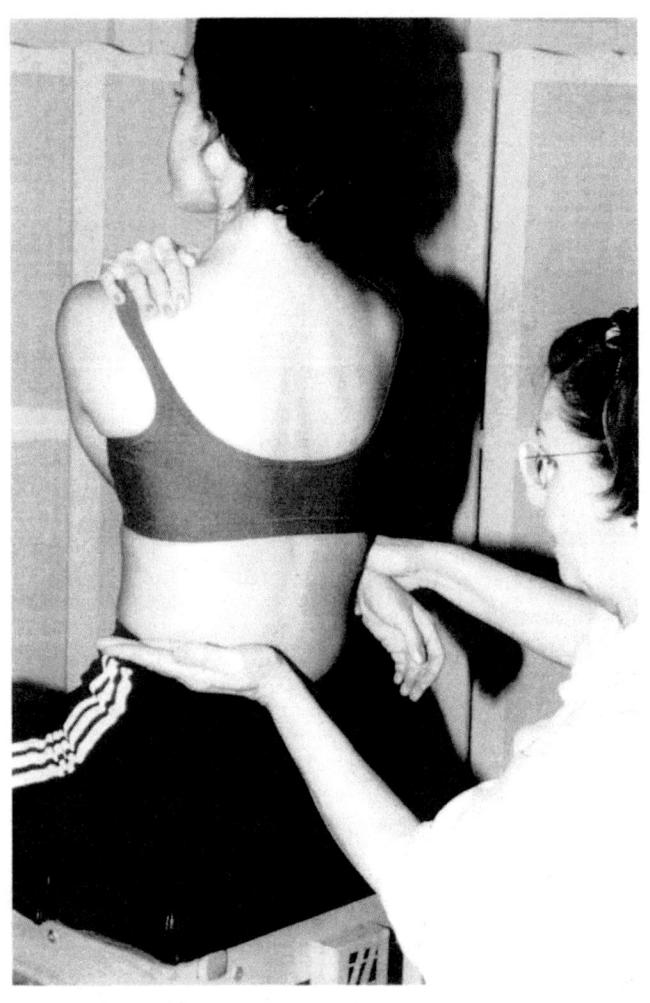

AJUSTE GERAL PARA LOMBARES

Este desbloqueio também se aplica à Torácica inferior.

• Paciente deitado de lado, bloqueio para cima, tronco bem torcido, ombro superior está posterior, quase tocando a maca, mão sobre o peito. Ombro inferior está anterior, com a mão sob a cabeça. A perna inferior está estabilizada. A perna superior está flexionada com o pé apoiado no côndilo da perna inferior.

• Terapeuta de frente para o paciente, perna inferior em contato joelho a joelho.

• Mão Inferior (a mão ativa) com o indicador (dedo médio sobre o indicador como reforço) contata o processo articular.

• Mão Superior (a mão de apoio) estabiliza o paciente pelo ombro superior.

• Execução: terapeuta leva os três pontos de apoio ao limite (joelho, mão ativa e auxiliar), eliminando a tensão. Simultaneamente impulsiona o bloqueio para o terapeuta, o joelho no sentido do chão, enquanto a mão de apoio apenas imobiliza o ombro superior.

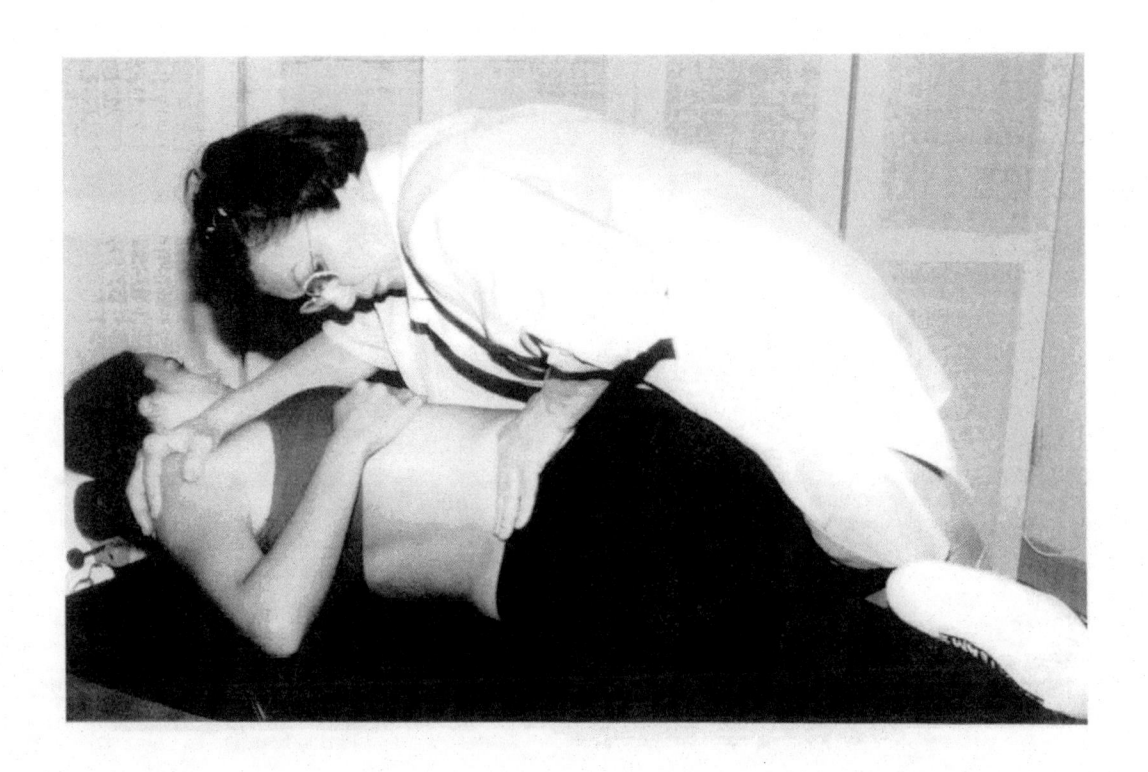

AJUSTE ESPECÍFICO PARA LOMBAR POSTERIOR

Este ajuste é específico para L1, L2 e L3.

- Paciente prono, pernas ligeiramente abertas, braços pendendo na mesa.

- Terapeuta em ângulo reto com a espinha lombar, do lado contrário ao bloqueio.

- Mão Superior (mão ativa) com pisiforme no processo mamilar, aprofunda o toque afastando o tecido.

- Mão Inferior (mão de apoio) segura o punho da mão ativa, em "caixinha de rapé", para firmar o contato.

- Cotovelos alinhados.

- Ombros relaxados.

- Execução: terapeuta elimina a tensão. Recua o movimento e, acelerando, dá um rápido "recoil" (o recoil envolve ação dos ombros e cotovelos simultaneamente sincronizados com a respiração) abandonando depressa o contato.

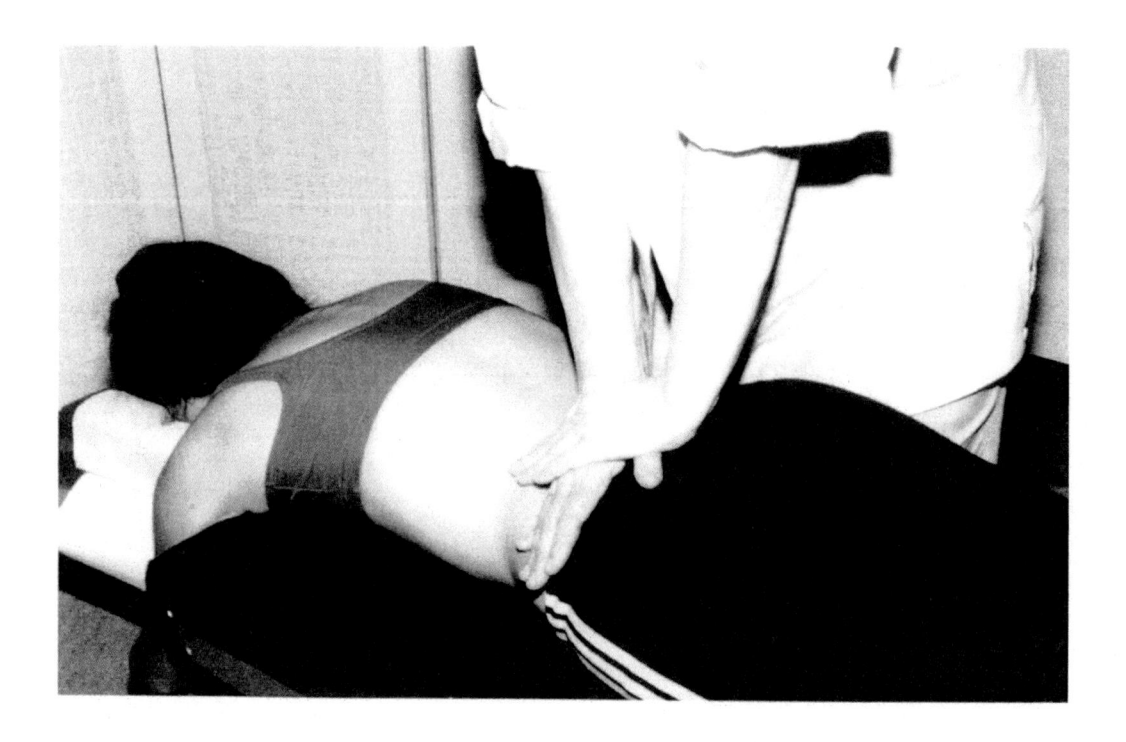

AJUSTE DE TRANSIÇÃO PARA A REGIÃO LOMBO-SACRAL

Este ajuste deve ser usado em L4 e L5 Posterior e S1 e S2 Anterior.

• Paciente deitado de lado, fixação para cima. Ombro inferior fica anterior, com a mão sob a cabeça. Ombro superior fica posterior, com a mão sobre o peito. Perna inferior esticada. Perna superior flexionada, com o peito do pé apoiado na borda da mesa (a flexão poderá ser maior, ou menor, dependendo da vértebra a ser desbloqueada).

• Terapeuta de frente, ligeiramente virado para a cabeça do paciente, ambos os pés no chão, mas a coxa inferior prende o tornozelo do pé superior do paciente na borda da mesa.

• Mão Inferior (mão ativa) segura no espaço poplíteo (elo formado pela flexão da perna) da perna flexionada.

• Mão Superior contata o ombro superior.

• Execução: terapeuta visualiza um ponto no chão, a seus pés (para onde dirigirá o impulso com a mão ativa). Enquanto a coxa inferior prende o pé superior do paciente, a mão auxiliar empurra o ombro superior no sentido da maca, até estabilizar, e a mão ativa impulsiona o joelho superior para o ponto visualizado no chão.

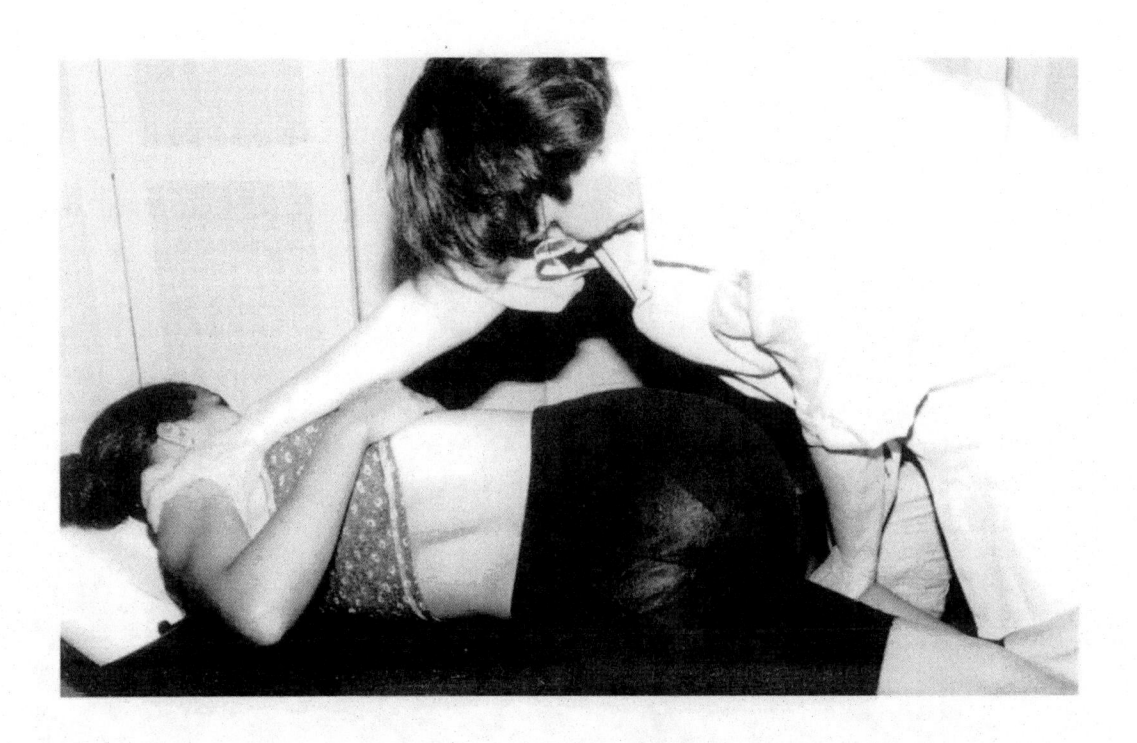

AJUSTE LOMBO-SACRAL COM CINTA

Este é um ajuste muito poderoso, que tanto pode ser usado para desbloqueios lombo-sacrais, como para coxartrose. É eficaz para obesos e pessoas extremamente tensas, sendo proibido para idosos ou para pessoas com osteoporose.

• Paciente prono, lado do bloqueio rente à borda da mesa de manipulação.

• A Cinta – acessório usado na Osteopatia e manipulações Kinesiológicas (de feixes musculares) encontra-se à venda em lojas especializadas da França – é colocada sobre o quadril do paciente e afivelada na parte inferior de cada borda da maca. A parte superior da cinta, que prende o corpo do paciente à mesa, é firmemente fixada sobre a vértebra inferior ao bloqueio. Por exemplo, se a L4 está bloqueada, a cinta é fixada sobre L5. Alguns osteopatas, no entanto, a fixam sobre o sacro, independentemente de onde seja a subluxação.

• Terapeuta fica de cócoras, à altura do peito do paciente, do lado bloqueado.

• Paciente passa seu braço homolateral sobre o ombro superior do terapeuta, mãos para baixo. O braço contralateral é passado sob a axila do quiroprático (como se abraçasse seu ombro superior).

• Mão Superior, cujo braço é passado sob o ombro homolateral do paciente, segura firmemente o ombro contrário.

• Mão Inferior fica apoiada sobre a apófise transversa da vértebra bloqueada, ou sobre a cinta.

• Execução: terapeuta atrai para si o ombro contralateral do paciente, enquanto vai se levantando apoiado em suas pernas, provocando assim uma torção do tronco, que tem por eixo a cinta. O apoio da mão inferior sobre a cinta, ou sobre a apófise, não é essencial.

AJUSTE ESPECÍFICO PARA LOMBAR POSTERIOR (CIFOSE) I

Esse é um ajuste satisfatório para qualquer vértebra lombar, com restrição no movimento de extensão.

• Paciente debruçado, mãos sobre o descanso, pernas ligeiramente abertas, rosto encaixado na fenda.

• Terapeuta do lado contrário, à altura da vértebra bloqueada, de frente para ela.

• Mão Superior (mão ativa) afasta o músculo e contata o pisiforme com o arco posterior da vértebra bloqueada.

• Mão Inferior (mão de apoio) estabiliza a raque do lado do terapeuta, dedos apontando para a cabeça do paciente.

• Execução: o desbloqueio acontece com um impulso (ligeiro empurrão) sobre a fixação.

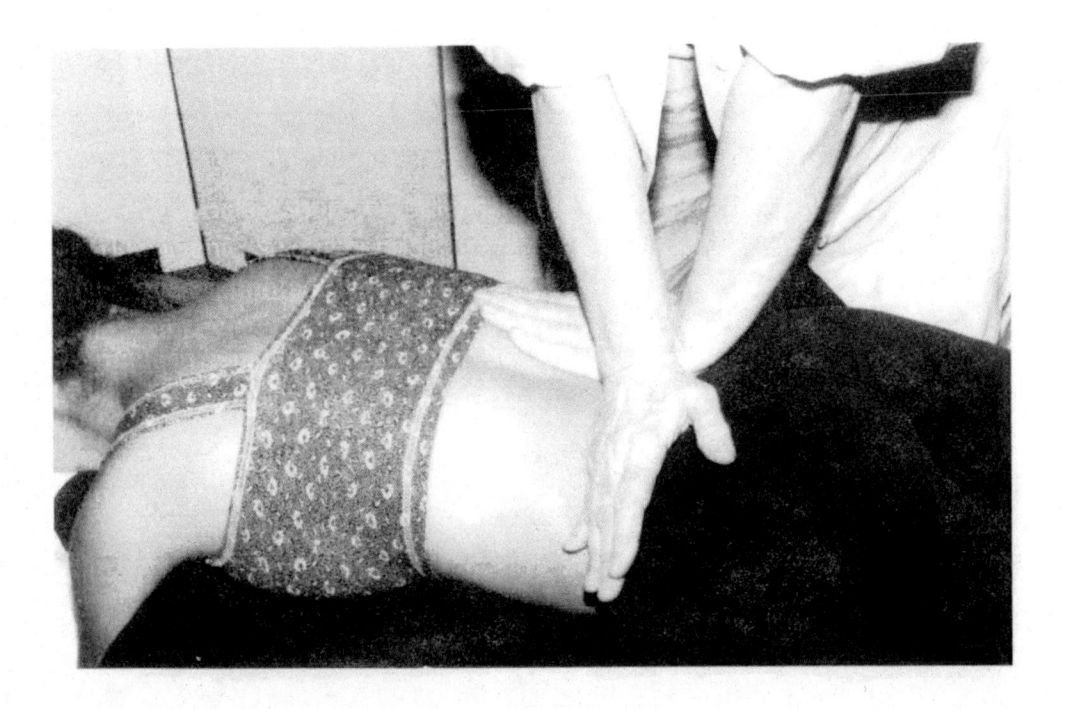

AJUSTE ESPECÍFICO DE LOMBAR POSTERIOR (CIFOSE) II

Este ajuste é especialmente indicado para pacientes que têm restrição no movimento de extensão.

• Paciente sentado em uma banqueta, pernas estabilizadas em 90°, braços cruzados sobre o peito, mãos descansando sobre os ombros.

• Terapeuta sentado em outra banqueta, atrás do paciente, pernas abertas para ficar o mais próximo possível.

• Mão de Apoio (contralateral) com o braço cruzado pela frente (do paciente), segura firmemente o ombro contrário.

• Mão Ativa, a mão do lado do bloqueio, apoia o polegar sobre o arco posterior, aprofunda no tecido, para melhorar o contato.

• Execução: enquanto a mão de apoio traz o paciente no movimento de extensão, a mão ativa mantém no contato. O desbloqueio acontece com dois empurrões simultâneos: o da mão de apoio em direção ao terapeuta e o do polegar da mão ativa (mais suave) na direção contrária.

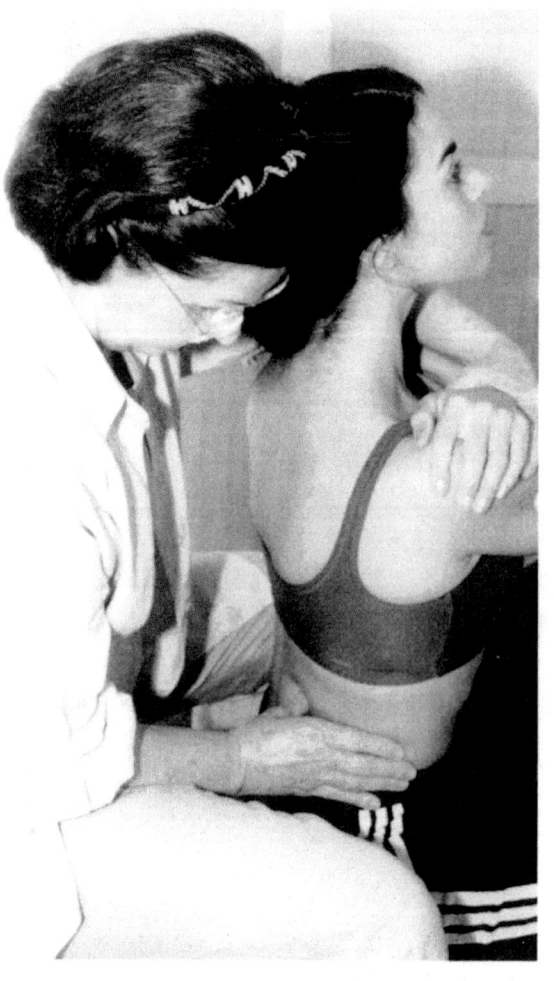

AJUSTE ESPECÍFICO PARA LOMBAR EM ROTAÇÃO

Esse ajuste também pode ser usado, com sucesso, para reduzir torácicas em rotação, incluindo T2 e T3.

• Paciente sentado em uma banqueta, pernas um pouco afastadas e estabilizadas a 90°, braços cruzados com as palmas das mãos pousadas sobre os ombros, braço do lado do bloqueio fica embaixo, braço do lado contrário ao bloqueio repousa sobre ele.

• Terapeuta sentado em outra banqueta atrás do paciente, perna homolateral sobre a perna homolateral do mesmo, para estabilizá-lo.

• Mão de Apoio (contralateral), com braço cruzado pela frente, segura o ombro ou o cotovelo homolateral do paciente (dependendo da envergadura de ambos).

• Mão Ativa com pisiforme no arco posterior da vértebra bloqueada.

• Execução: terapeuta gira o paciente para o lado contrário ao bloqueio, enquanto a mão ativa mantém firme o contato. Caso a redução não aconteça no percurso da rotação, arrematar a manobra com ligeiro impulso (empurrão).

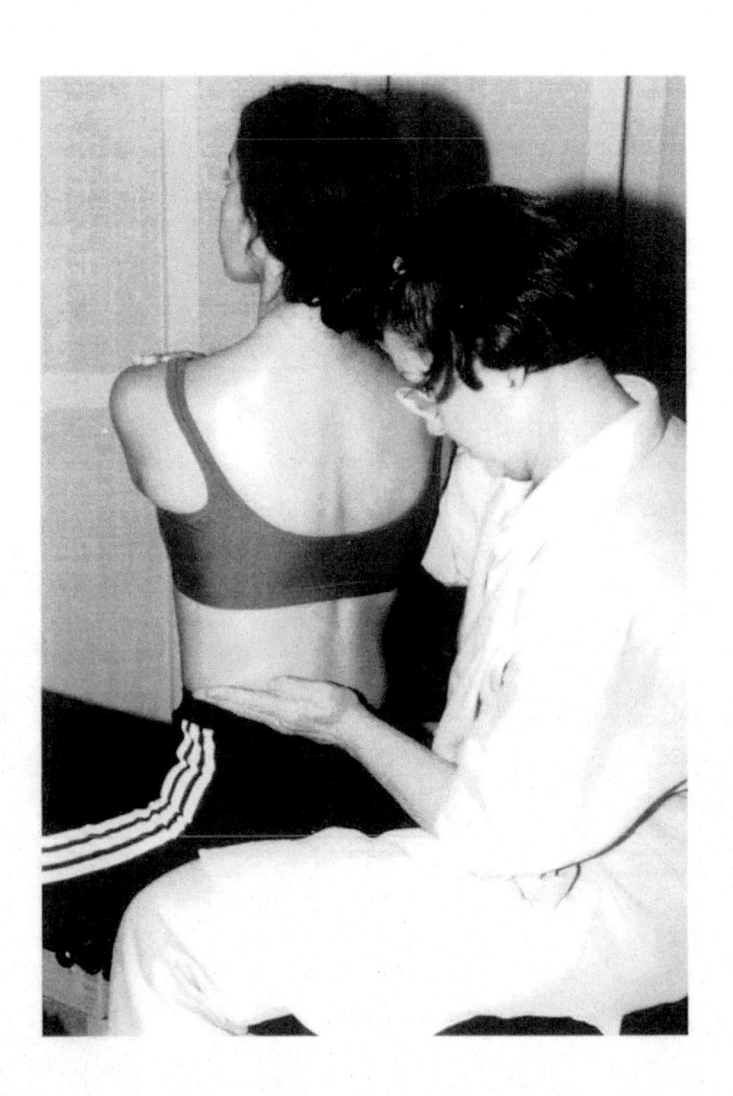

AJUSTE ESPECÍFICO PARA LOMBAR ANTERIOR (LORDOSE)

Este ajuste é muito eficaz em casos de lordose, quando o paciente tem restrição nos movimentos de flexão.

• Paciente deitado lateral, bloqueio para cima, braço inferior cruzado sobre o peito descansa a mão na axila do braço superior. Braço superior fica cruzado sobre o braço inferior, segura a borda da mesa. Os dois joelhos ficam juntos e fletidos, forçando a flexão lombar.

• Terapeuta em frente ao paciente, na altura da vértebra bloqueada.

• Mão de Apoio (a mão superior) estabilizando, se apoia sobre a mão inferior (que está sob a axila).

• Mão Ativa (a mão inferior) introduz o pisiforme no arco posterior da vértebra bloqueada (limpando o tecido), para melhorar o contato.

• Execução: terapeuta efetua o desbloqueio com dois empurrões em seqüência (impulso duplo) no sentido da mesa de ajuste.

AJUSTE GERAL PARA LIGAMENTOS ANTERIORES

- Paciente de pé, braços cruzados sobre o peito, mãos sobre os ombros.

- Terapeuta de pé, encostado às costas do paciente, os glúteos encaixados à lombar do mesmo. Caso a altura do paciente, não permita este encaixe, terapeuta deverá subir em um estrado, para alcançar a altura necessária.

- Ambas as Mãos são levadas para trás, agarrando o paciente pelos cotovelos.

- Execução: terapeuta flexiona o tronco o suficiente para alongar ao máximo as costas do paciente e arremata a mobilização com um rápido empurrão (efetuado pelos glúteos) na lombar tracionada.

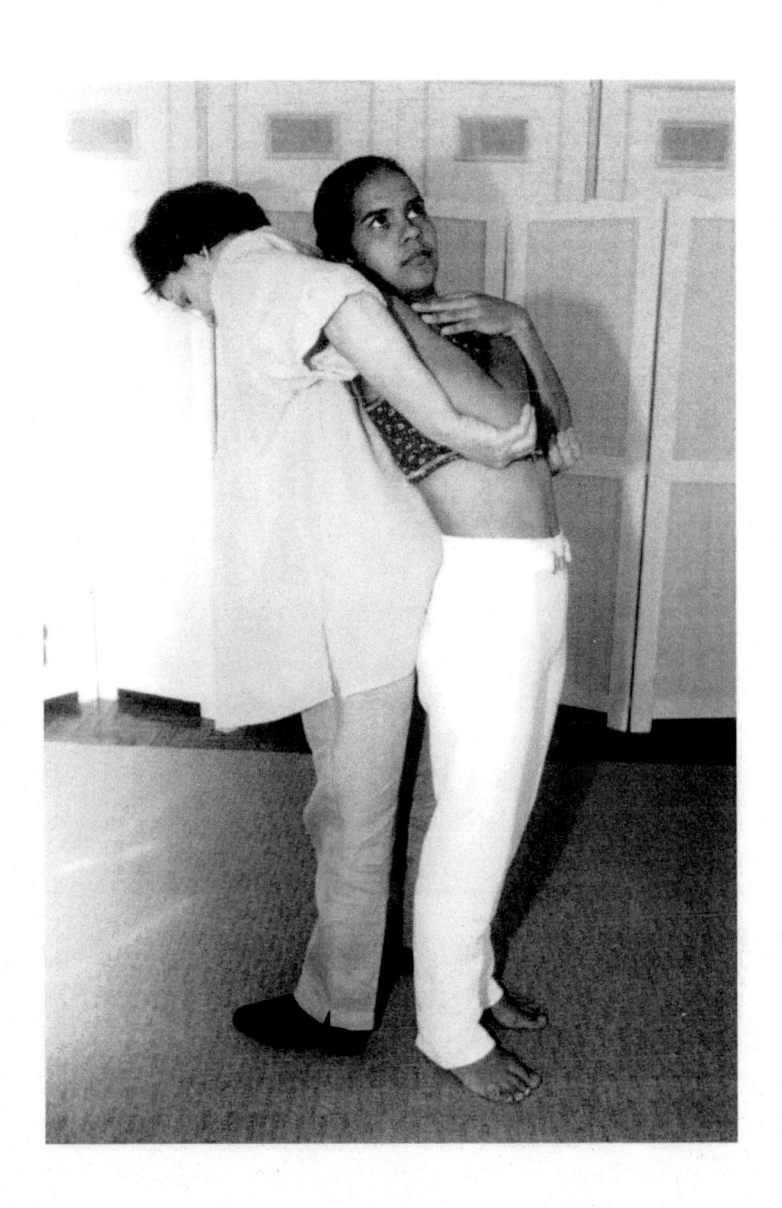

CAPÍTULO 8

AJUSTES PARA ALGIAS DA PELVE

AJUSTE GERAL PARA SACRO-ILÍACO

Esta é a mobilização Sacro-ilíaco mais simples e de melhores resultados, sendo que apenas bloqueios muito enraizados não respondem a ela. É específica do sacro alto chegando até a L5, dependendo do ângulo dado à perna superior. É efetuada do lado do bloqueio principalmente para corrigir uma perna mais curta.

• Paciente de lado, bloqueio para cima, quadril bem próximo à borda contralateral da maca para que as costas fiquem bem curvadas, cabeça na borda homolateral. Mão superior sobre o peito, segura firmemente o punho da mão inferior. Perna inferior dobrada num ângulo de 130° com o tronco, joelho fora da mesa. Perna superior flexionada a 45° (para Sacro-ilíaco), com o peito do pé apoiado no joelho da perna inferior.

• Terapeuta ao lado da mesa, de frente para o paciente, a uma altura suficiente para dominá-lo (caso a mesa de manipulação não tenha a altura usada na quiroprática, o terapeuta deverá subir em um estrado).

• Mão Superior sobre o bíceps do braço superior do paciente, mantendo seu ombro posterior.

• Mão Inferior sobre a asa ilíaca.

• Perna Inferior em contato joelho a joelho com a perna superior do paciente.

• Execução: em movimento sincronizado e suave, terapeuta empurra o ombro superior do paciente, enquanto com o joelho distende a articulação sacral, a mão inferior traz para si a asa ilíaca, efetuando assim a correção.

Se o terapeuta aumentar o ângulo da perna superior do paciente e colocar sua mão inferior um pouco mais alta, consegue desbloquear vértebras lombares.

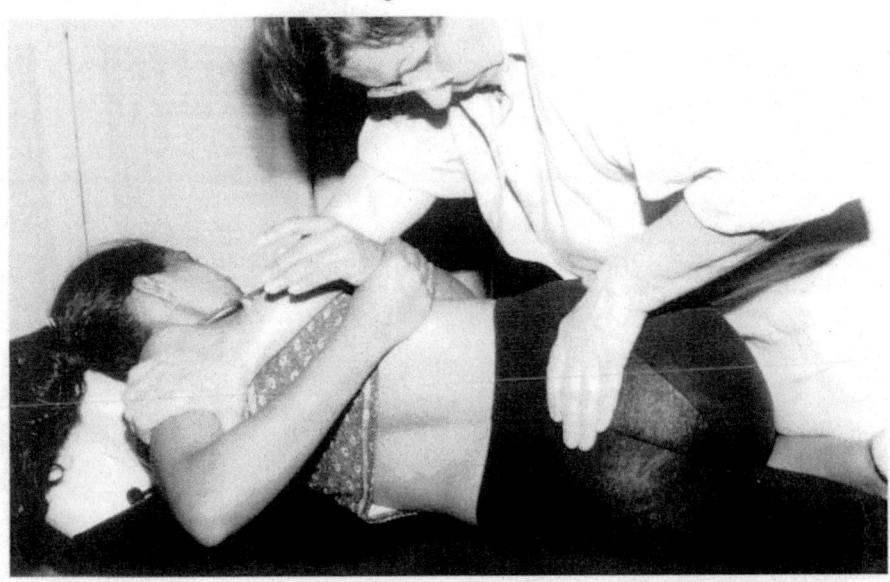

AJUSTE PARA SACRO-ILÍACO INFERIOR

Desbloqueio específico de Sacro-ilíaco, particularmente para subluxações baixas, chegando às vezes a ajustar a cabeça do fêmur.

• Paciente de lado, bloqueio para cima, quadril bem próximo à borda contra-lateral da maca para que as costas fiquem bem curvadas, cabeça na borda homolateral. Mão superior sobre o peito, segura firmemente o punho da mão inferior. Perna inferior dobrada num ângulo de 130° com o tronco, joelho fora da mesa. Perna superior flexionada (a 45° para Sacro-ilíaco, mais de 45 (grau) para lombar), com o peito do pé apoiado no joelho da perna inferior.

• Terapeuta em frente ao paciente, sobre um estrado para dominá-lo (caso não disponha de uma mesa de quiroprática).

• Mão Superior segura o ombro superior do paciente e o mantém posterior.

• Mão Inferior sob a nádega superior do paciente, dedos cefálicos (voltados para a cabeça).

• Perna Inferior em contato joelho a joelho na perna superior do paciente, a mantém o mais baixo possível, para mobilizar a junta sacro-ilíaca.

• A Execução consta de três movimentos simultâneos e sincronizados. A mão superior empurra o ombro superior do paciente para trás, enquanto o joelho estende para baixo a perna superior e a mão inferior empurra o sacro-ilíaco no sentido cefálico.

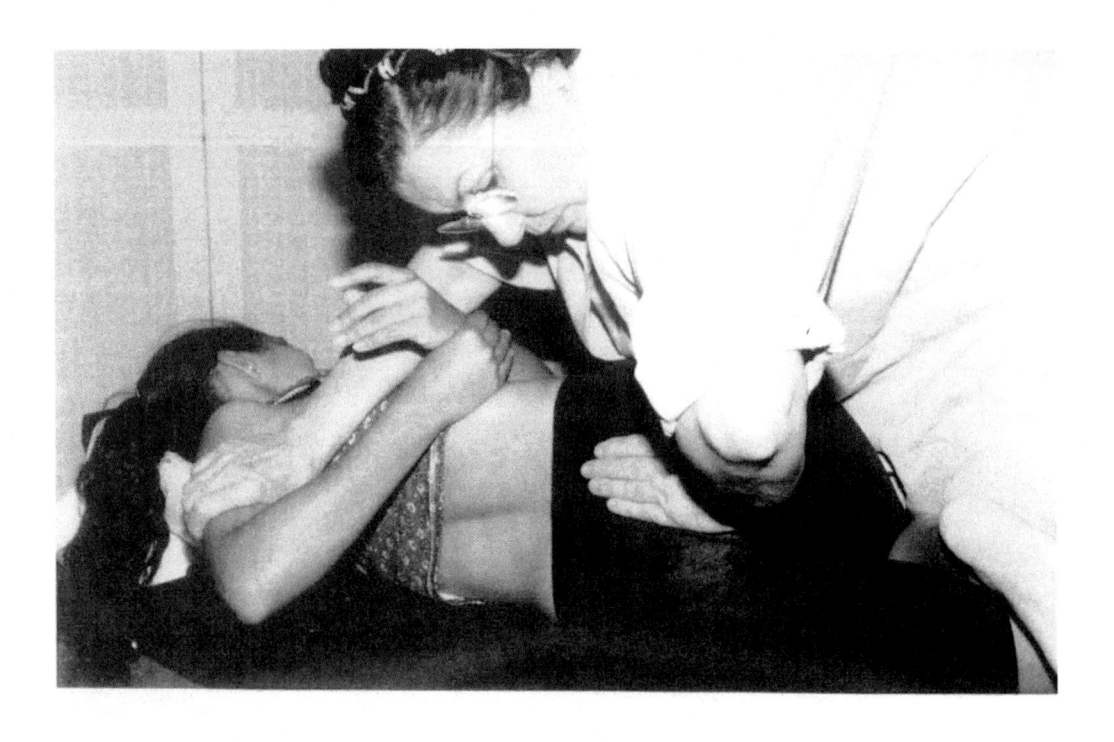

AJUSTE PARA SACRO-ILÍACO ANTERIOR

Desbloqueio específico para sacro-ilíaco, mas também é eficaz para ajustes de desigualdade ente as cavidades de Michaelis, ramo pubiano ou dobra de virilha. Por se usar o fêmur como alavanca, é proibido para idosos e pessoas com osteoporose. Em 90% das vezes este ajuste não provoca o estalido característico, sendo que apenas pela medição é que se constata o resultado.

• Paciente supino, os braços paralelos ao corpo, perna contralateral estendida na mesa de ajuste. Perna do lado do bloqueio ou onde a cavidade ou a dobra estiverem mais altas em relação à outra é flexionada ao máximo (o mais próximo possível do peito do lado contrário) e aberta ao máximo na contralateral (esta flexão e inclinação variam de pessoa para pessoa, mas em todos os casos devem chegar ao máximo).

• Terapeuta do lado contrário ao bloqueio, dominando o paciente, se necessário sobre um estrado.

• Mão Inferior na parte posterior da coxa fletida, mais ou menos a dez centímetros da linha glútea, dedos do lado externo da coxa e polegar segurando pelo lado interno para ter pressão suficiente.

• Mão Superior no joelho flexionado, inclinando-o no sentido do terapeuta até ultrapassar a linha do umbigo, fixando o contato na parte externa, entre o joelho e a perna (onde é dado o impulso).

• Execução: são dois impulsos simultaneamente sincronizados. O impulso maior (firme, porém não violento) será dado na coxa, o outro, no joelho, será firme, mas um pouco mais suave.

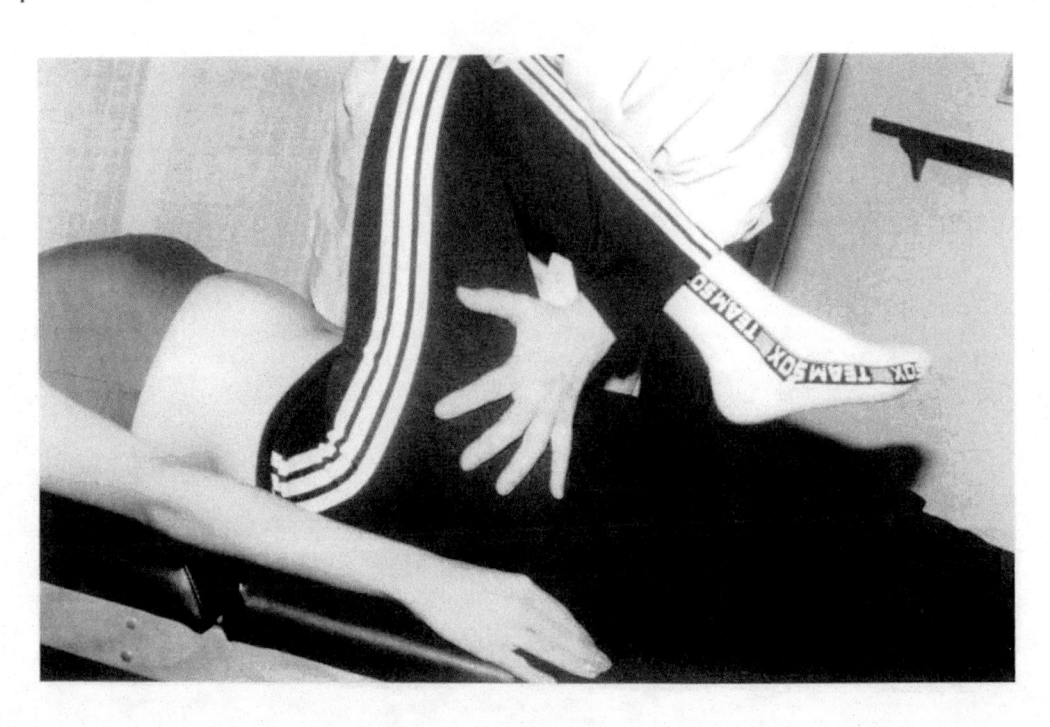

AJUSTE GERAL EM ALAVANCA

Este desbloqueio tanto pode agir sobre o Sacro-ilíaco como sobre a lombar, dependendo do ângulo que se dá à perna superior. Também é eficiente quando a cavidade de Michaelis é mais alta de um lado ou quando uma perna parece mais curta prono e a outra parece mais curta quando supino. Com menos de 45° alcança o sacro, com mais de 45° a lombar. A eficiência deste ajuste não tem nada a ver com o estalido característico, que só acontece em 20% dos casos.

É proibido para idosos e pessoas com osteoporose, por se usar o fêmur como alavanca.

• Paciente deitado de lado, fixação para cima, ombro inferior anterior, ombro superior posterior. Os dois braços ficam fortemente cruzados sobre o peito (cada mão segura o braço oposto acima do cotovelo). A perna inferior ligeiramente fletida, joelho fora da mesa. Perna superior fletida, pendurada fora da maca, num ângulo de menos de 45° do abdome (para o Sacro-ilíaco e mais de 45° para a lombar), joelho inclinado ao máximo, voltado para o chão.

• Terapeuta de frente para o paciente, se não dispuser de mesa quiroprática, sobre um estrado.

• Mão Superior sobre o ombro superior do paciente estabilizando-o no sentido da maca.

• Mão Inferior sobre a perna superior, logo abaixo do joelho (ou sobre o joelho, se o impulso precisar ser mais suave).

• Execução: enquanto a mão superior estabiliza o ombro superior, a mão inferior se movimenta em um impulso rápido no sentido do solo, liberando a articulação.

AJUSTE PARA SACRO EM ROTAÇÃO

Este ajuste, de origem chinesa, permite o desbloqueio Sacro-ilíaco, assim como a redução de uma rotação sacral ou das asas ilíacas. Ele deve ser praticado, do lado em que o pé é mais aberto (rotação para trás da asa ilíaca), que o glúteo é mais baixo e do lado da rotação sacral. Dificilmente se ouve o ruído característico, mas o alívio provocado quando o desbloqueio é bem sucedido, atesta seu resultado. Deve ser efetuado diversas vezes durante a sessão.

• Paciente prono, dois braços pendendo da maca, pernas afastadas, pés tocando as bordas da mesa. É importante que esteja relaxado, qualquer contração glútea, impossibilita a redução.

• Terapeuta do lado contrário à subluxação.

• Mão Inferior do lado do bloqueio, sobre a nádega do paciente, hipotenar na altura do cóccix, palma sobre a nádega, dedos em direção à asa ilíaca (para cima).

• Mão Superior do lado contrário ao bloqueio, eminência tenar em contato com o sacro superior, dedos apontando para os pés.

• A Execução é efetuada através de uma série de movimentos simultâneos: a mão superior pressiona e se movimenta no sentido dos pés, enquanto a mão inferior pressiona para baixo e direciona o movimento para a asa ilíaca homolateral.

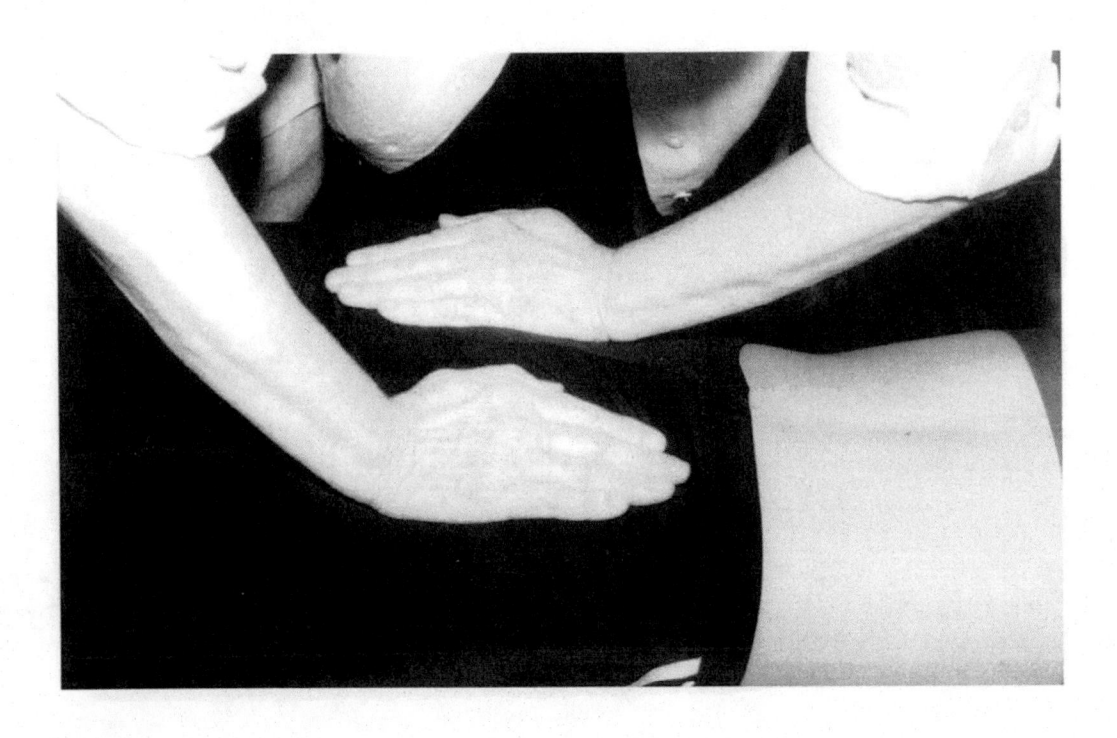

AJUSTE DE SACRO-ILÍACO PELA EXTENSÃO DA COXA

Se bem executado, tem um grau muito grande de eficácia principalmente na correção do ângulo do pé ao caminhar. Só excepcionalmente provoca o ruído característico. Deve ser executado do lado onde o ângulo do pé é menor, onde a perna é mais longa, onde a dobra da virilha é mais curta e onde Michaelis está mais baixa.

• Paciente deitado de lado, bloqueio para cima, os dois braços caídos no vazio. A perna inferior ligeiramente dobrada, a asa ilíaca superior fica inclinada, num ângulo de 40° com a mesa.

• Terapeuta às costas do paciente.

• Braço Inferior suporta a perna superior do paciente, com o cotovelo à altura do joelho, braço apoiando a face interna da coxa, mão sobre a face anterior da coxa.

• Mão superior fica sobre a nádega superior do paciente.

• Execução acontece com dois movimentos sincronizados: enquanto o braço inferior puxa a coxa do paciente para o terapeuta provocando uma hiperextensão, a mão superior pressiona a nádega para a frente, um pouco oblíquo à mesa. Se necessário, arrematar a manobra com um seco impulso com a mão superior.

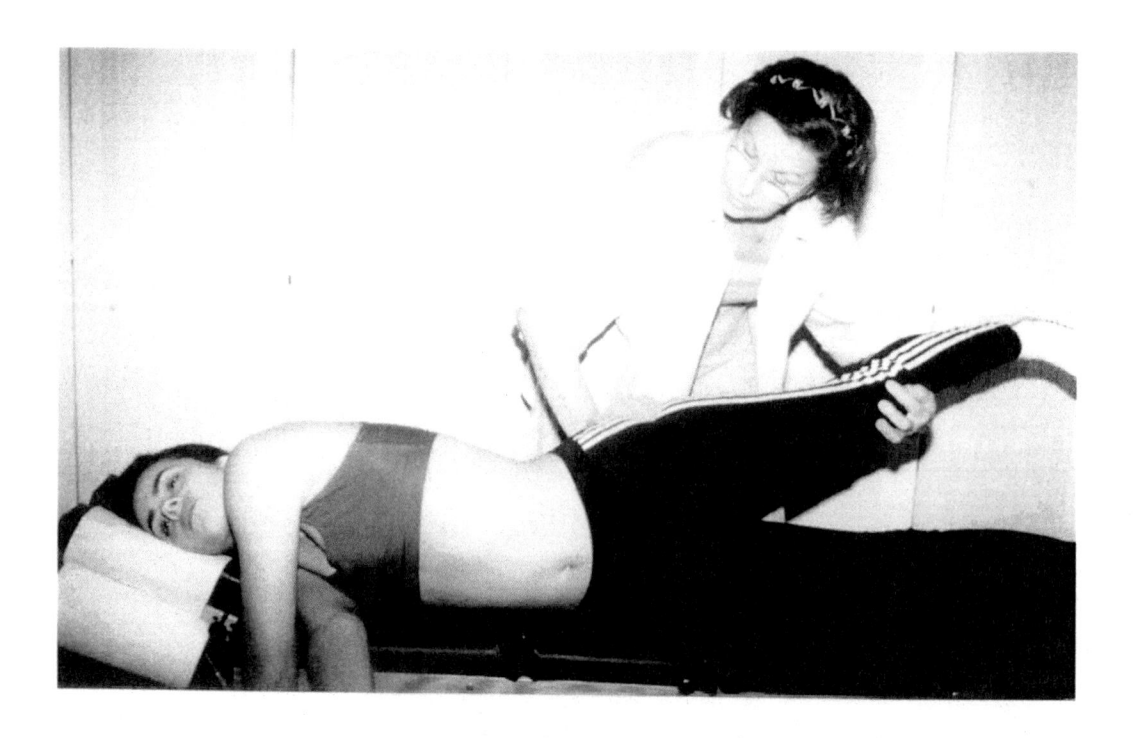

AJUSTE PARA SACRO INFERIOR E OSSO ILÍACO ANTERIOR

Desbloqueio muito eficaz para as "crises de ciático", ou quando o paciente se queixa de dores na região do ísquio.

• Paciente deitado de lado, fixação para cima, ombro inferior anterior, mão sob a cabeça. Ombro superior posterior com a mão sobre o peito. Perna inferior estabilizada, perna superior flexionada e estendida fora da maca.

• Terapeuta de frente às pernas do paciente, ambos os pés no chão, joelho superior no espaço poplíteo do joelho superior do paciente, coxa inferior junto à maca, apoiando o paciente.

• Mão Superior contata o ombro superior estabilizando-o.

• Mão Inferior com pisiforme no ísquio, dedos para cima, oblíquos à mesa, antebraço e dedos em alinhamento com o fêmur, cotovelo afastado.

• Execução: simultaneamente a mão superior estabiliza, enquanto o joelho superior movimenta para a frente o joelho superior do paciente, a mão inferior faz um movimento duplo movimentando a tuberosidade isquial anterior e o osso ilíaco posterior.

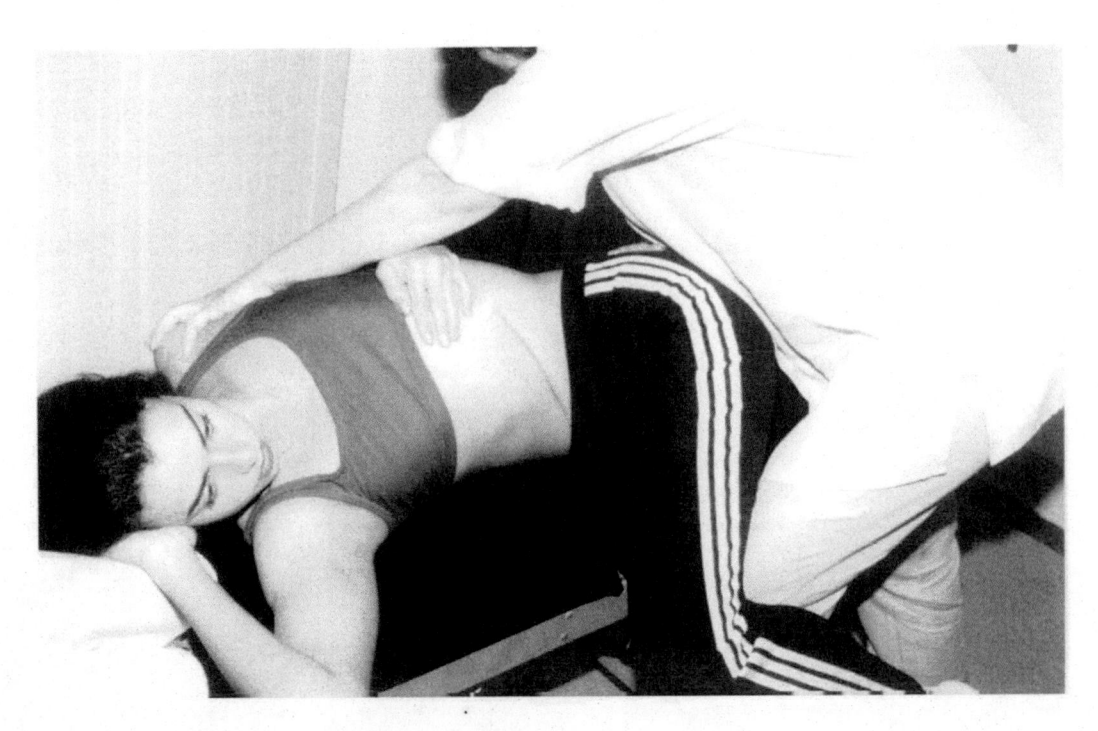

AJUSTE PARA INCLINAÇÃO PÉLVICA POSTERIOR (ESPONDILOSE)

Espondilose ou lordose é a subluxação anterior de qualquer corpo vertebral, em relação à vértebra inferior. Geralmente acontece em L4 ou L5. Pode ser resultado de um trauma, ou do deslocamento para a frente da vértebra, ou ainda da deformação dos pares interarticulares, provocando hiperextensão lombar.

• Paciente ajoelha-se no chão, aos pés da mesa quiroprática, e debruça-se sobre ela, mantendo os pés em contato com o chão, braços esticados sobre ela, mãos agarradas às bordas laterais.

• Terapeuta se coloca ao lado, em ângulo reto com o paciente, do lado da fixação.

• Mão Inferior segura a perna do paciente pelo tornozelo.

• Mão superior com calcâneo ou pisiforme na base sacral ou na crista ilíaca homolateral.

• Perna Inferior contato joelho a joelho na perna homolateral que está segura pelo tornozelo.

• A Execução é feita com três movimentos sincronizados e simultâneos: enquanto a mão inferior levanta o tornozelo do paciente, o joelho inferior faz pressão para baixo e a mão superior movimenta a base sacral para a frente.

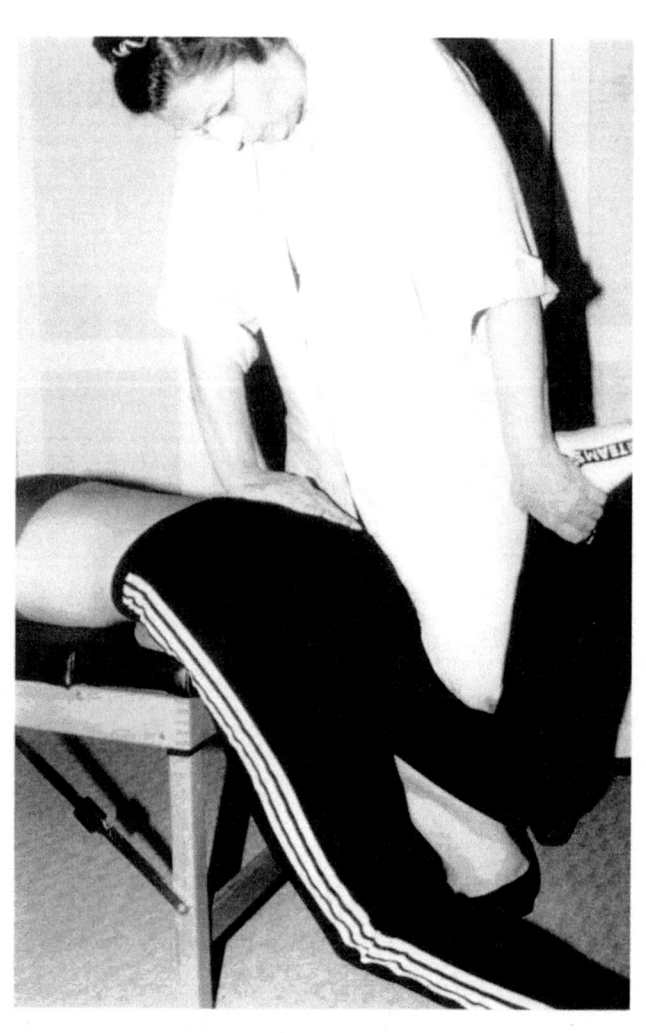

AJUSTE DE SACRO-ILÍACO ANTERIOR (SUPERIOR OU INFERIOR)

Desbloqueio específico para paciente com restrição no movimento de flexão.

• Paciente supino, mãos repousando sobre o peito, pernas inicialmente encolhidas para que o terapeuta possa introduzir a mão ativa sob o sacro, em seguida as estica, mantendo-as ligeiramente abertas.

• Terapeuta ao lado do paciente, do lado do bloqueio.

• Mão Ativa (a mão inferior), entre as pernas do paciente, espalmando a espinha ilíaca superior ou inferior (que está anterior).

• Mão de Apoio flexiona o joelho da perna homolateral ao bloqueio a 90° ou um pouco mais.

• Execução: o ajuste é efetuado com um impulso sobre o joelho fletido, conjugado com um movimento para cima da mão espalmada no sacro.

AJUSTE EM EXTENSÃO PARA PERNA EVENTUALMENTE MAIS CURTA

Este desbloqueio é específico para paciente com perna eventualmente mais curta, que tenha restrição no movimento de extensão, causado por uma vértebra posterior.

• Paciente supino, deitado na borda da mesa de ajuste, de tal forma, que a metade do corpo, homolateral ao bloqueio, fique para fora. A mão do lado contrário ao bloqueio segura na borda da maca, enquanto a outra pode estar sob a cabeça, ou descansar sobre o peito.

• Terapeuta ao lado da mesa, na altura da coxa do paciente, de frente para o ombro contralateral (45° mais ou menos em relação ao paciente).

• Mão de Apoio (a mão superior), passada sob a asa ilíaca, suporta a porção sacral inferior apenas para estabilizar.

• Mão Ativa (a mão inferior) flexiona pela tíbia, a perna homolateral.

• Execução: a mão ativa vai aos poucos estendendo a perna (em abertura) de mais ou menos 45°, enquanto a eleva à altura do peito (pode repetir este movimento algumas vezes até que o paciente esteja relaxado), então solta a perna que cai inesperadamente, efetuando a correção.

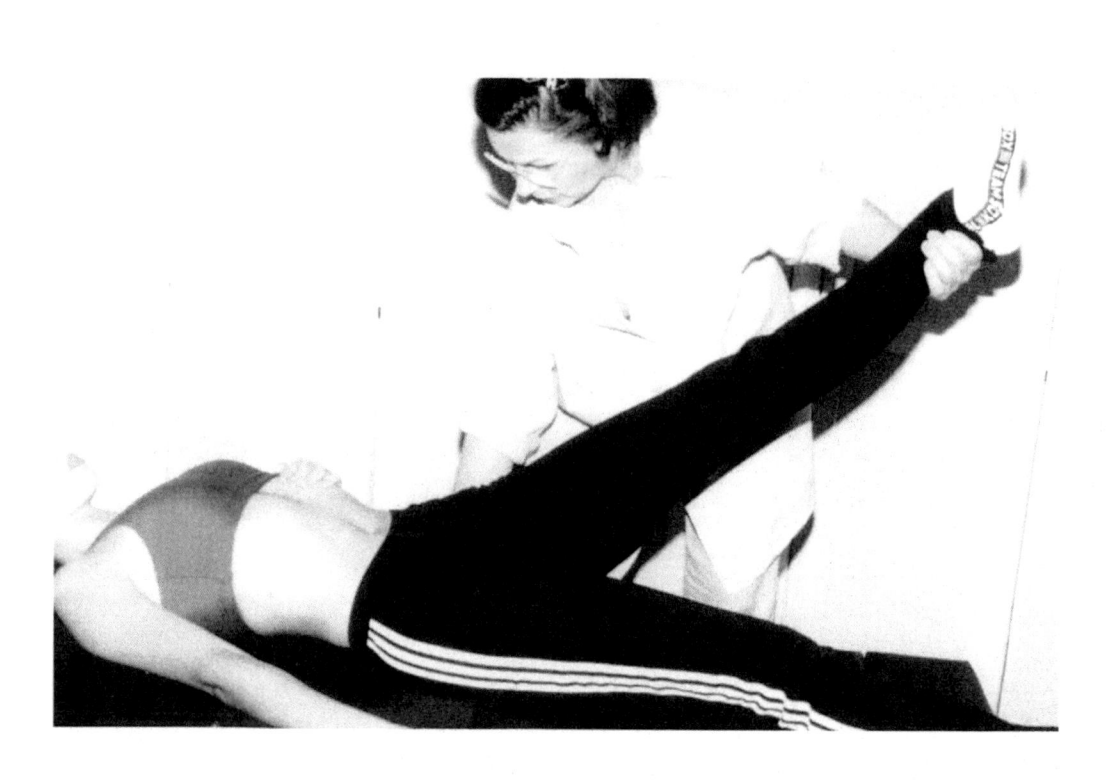

AJUSTE GERAL PARA REGIÃO COXO-FEMURAL I

- Paciente deitado de lado, bloqueio para cima, ombro inferior anterior com mão sobre a cabeça, ombro superior posterior com mão apoiada no peito. Perna inferior ligeiramente dobrada e estabilizada, perna superior fora da mesa e fletida, apoiando o pé no côndilo esterno da perna inferior, joelho em direção ao chão.

- Terapeuta ao lado da mesa, de frente para o paciente.

- Mão de Apoio sobre o ombro superior, estabilizando.

- Mão Ativa procura a fossa do grande trocanter, onde contata o pisiforme, dedos alinhados com o fêmur do paciente.

- Perna Inferior em contato joelho a joelho com a perna superior do paciente, prende-o junto à borda da mesa.

- A Execução é realizada com três movimentos simultâneos: a mão superior empurra o ombro superior para trás, e estabiliza, enquanto o joelho firma o contato e a mão ativa impulsiona o grande trocanter para baixo.

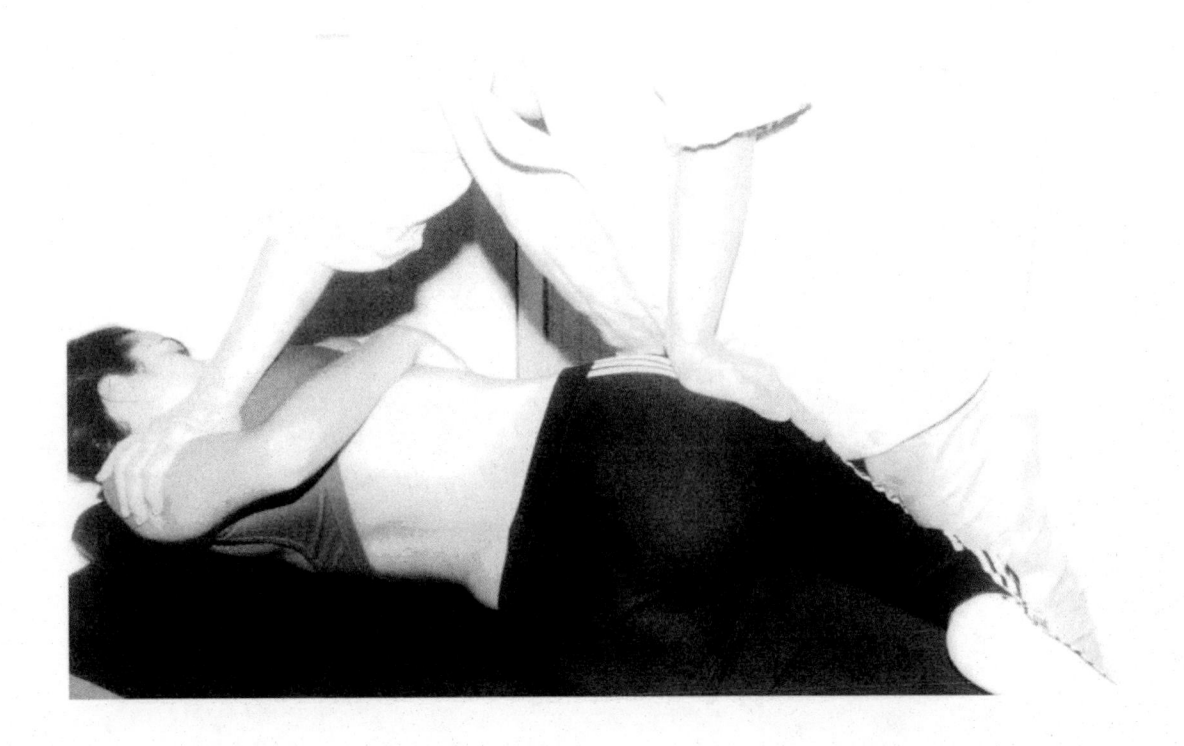

AJUSTE GERAL PARA REGIÃO COXO-FEMURAL II

Ajuste específico para a restrição do movimento de extensão coxo-femural.

• Paciente deitado debruçado, braços pendurados na mesa quiroprática, perna do lado bloqueado fletida a 90° (pode também conservar a perna esticada).

• Terapeuta ao lado do bloqueio.

• Mão de apoio, abarca o joelho homolateral, dedos virados para o terapeuta, antebraço em contato com a parte interna da panturrilha (se a perna estiver flexionada) e não haverá o apoio do antebraço, se a perna estiver esticada.

• Mão Ativa no grande trocanter, dedos apoiados na parte externa da coxa.

• Execução: a mão de apoio levanta a perna em extensão para retirar a folga. Mão ativa impulsiona o grande trocanter para baixo.

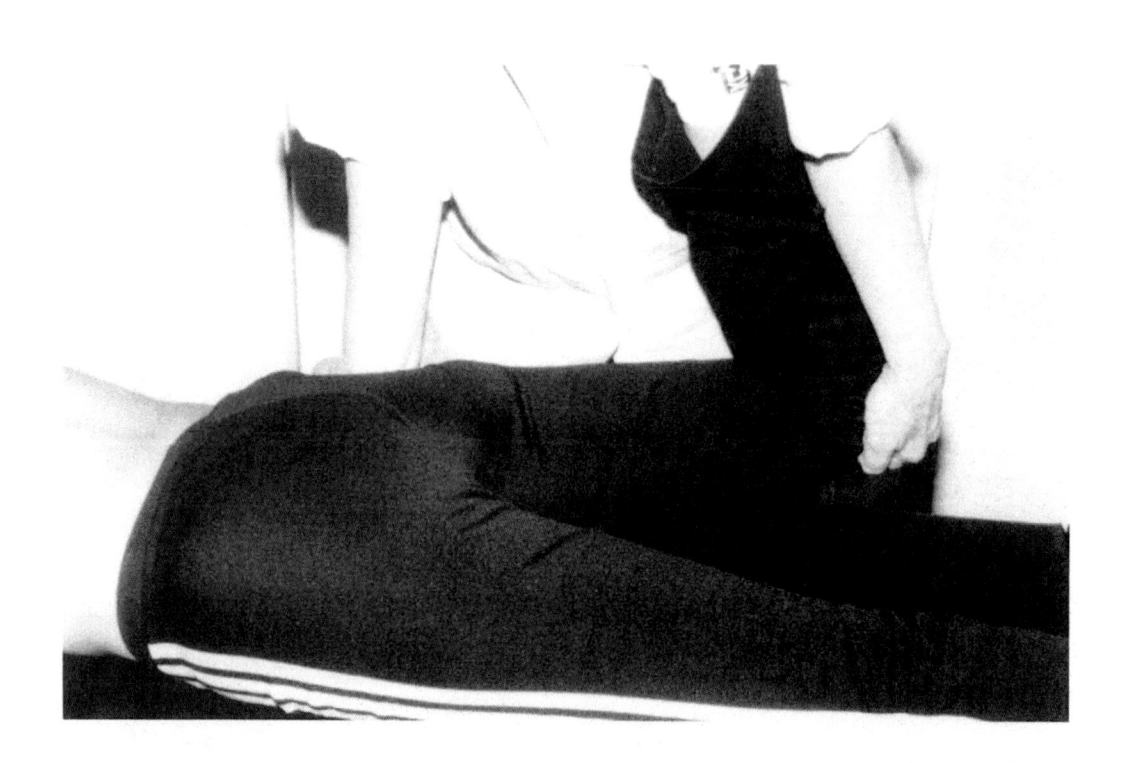

AJUSTE COXO-FEMURAL PARA ARTRITE

Este é um procedimento que deve ser repetido duas vezes por semana, durante seis ou sete meses.

• Paciente deitado de costas, relaxado, braços ao longo do corpo, pernas ligeiramente separadas.

• Terapeuta aos pés da mesa de ajustes, ligeiramente lateral.

• Ambas as Mãos seguram a perna do paciente, um pouco acima do tornozelo, polegares paralelos sobre a tíbia, dedos para baixo.

• A Execução é composta de três movimentos consecutivos: primeiro, uma tração longitudinal, seguida de firme (mas delicado) impulso, então o terapeuta rotaciona a perna internamente (se houver restrição, aumenta a rotação num impulso firme, mas delicado, traz a perna em rotação externa, e repete o impulso, se for necessário).

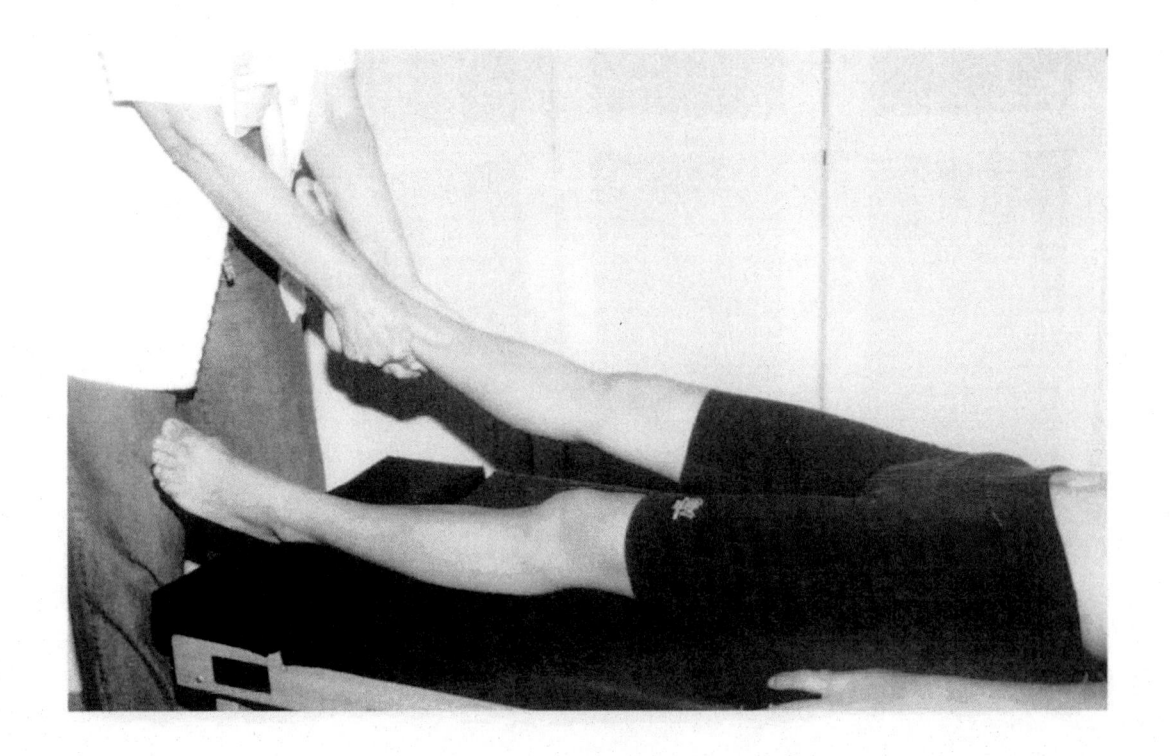

CAPÍTULO 9

TÉCNICAS AUXILIARES PARA ALGIAS DO QUADRIL E PELVE

MOBILIZAÇÃO

A mobilização é um procedimento terapêutico extremamente delicado. É usada para descontrair e dar mobilidade a uma região. Consiste de leves movimentos de rotação e pequenas trações, com efeito paliativo, por isto mesmo, recomendada para pacientes idosos em fase aguda ou crônicos. Substitui os ajustes quando estes não podem ser executados. Alguns terapeutas iniciam seu trabalho usando as mobilizações como preparação manipulativa.

Durante as crises ciáticas, ou após seu desaparecimento, pode ser difícil ou mesmo impossível para o paciente se levantar na ponta dos pés. Entre as diversas possíveis causas podem estar desde uma Paralisia ou Semiparalisia causadas por um bloqueio na raque, por um bloqueio da cabeça da fíbula, ou ainda, uma compressão na cavidade poplítea. É, portanto, necessário tentar sua mobilização, iniciando por vezes, com o joelho.

MOBILIZAÇÃO DO JOELHO E DA CABEÇA DA FÍBULA

• Paciente supino, braços paralelos ao corpo, perna contralateral estendida. A coxa do lado do bloqueio fletida sobre o abdome, a perna fletida ao máximo sobre a coxa.

• Terapeuta do lado do bloqueio. Braço Superior com antebraço sob o joelho subluxado.

• Mão Inferior segurando a perna homolateral acima do tornozelo.

• Execução I: pressionando a perna, num movimento firme porém suave aumenta a flexão, "alargando" a cápsula articular.

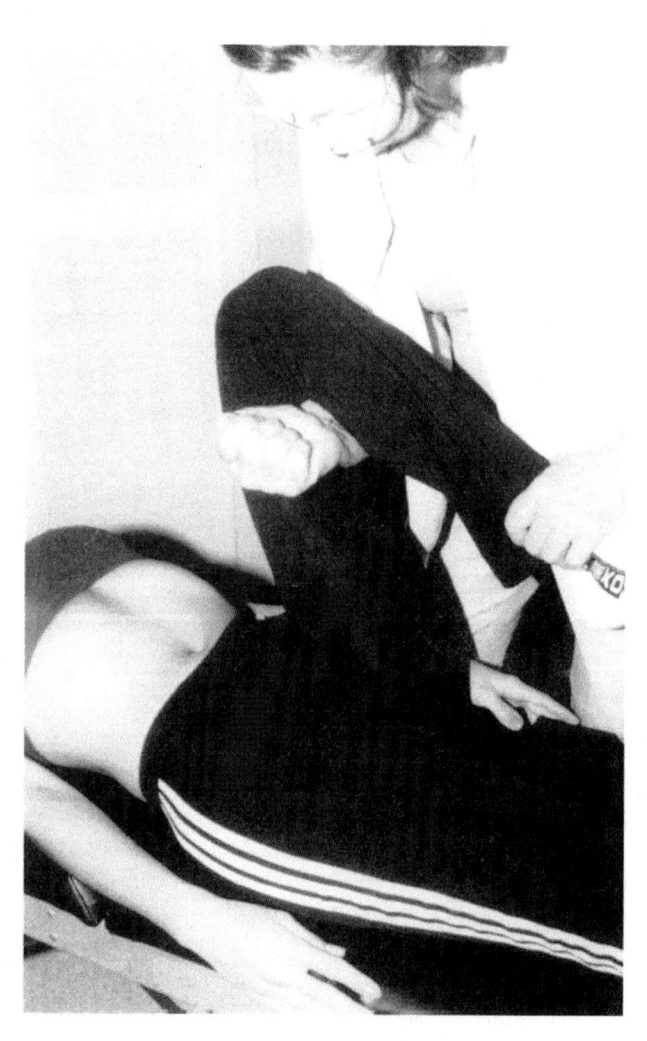

Mobilização do joelho e cabeça da fíbula
(procedimento I)

• Terapeuta apoia o pé do paciente na mesa, e se senta sobre ele, com a intenção de imobilizá-lo.

• As Mãos com ambos os polegares paralelos e direcionados para a rótula, as palmas envolvendo cada lado do joelho, os outros dedos abarcando a tuberosidade da tíbia.

• Execução II: com as duas mãos traciona a perna para a frente, abandonando a tração com suavidade para que o joelho volte a posição inicial.

• Execução III: terapeuta toma a cabeça da fíbula entre o polegar e o indicador e faz diversas vezes movimentos alternados de tração para a frente e pressão para trás.

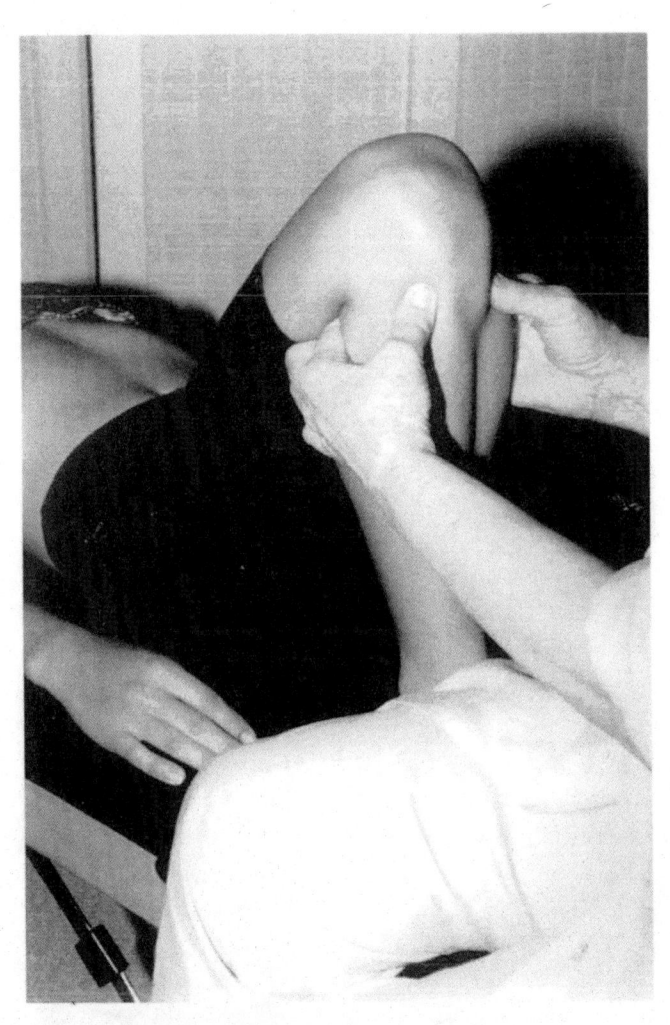

Mobilização do joelho e cabeça da fíbula
(posição inicial para execuções II e III)

MOBILIZAÇÃO DOS PLANOS SUPERFICIAIS DA REGIÃO LOMBAR

Esta mobilização diminui a dor residual após um ajuste lombar. Não deve ser efetuada em pessoas excessivamente magras, obesas ou celulíticas.

• Paciente debruçado sobre a mesa quiroprática, os braços pendurados, as pernas ligeiramente afastadas.

• Terapeuta de qualquer lado da mesa, coloca sobre o paciente um pano leve de cambraia ou gaze, de tamanho suficiente para cobrir desde a região sacral até as primeiras torácicas, além de cobrir com sobra as laterais do corpo.

• Polegar e indicador agarram a pele e os tecidos profundos da lombar do paciente (cada mão pinça o tecido de um lado da raque) que está coberta pelo pano ou por uma fralda, e os rolam entre os dedos desprendendo-os do plano profundo, movimentando-os para trás e para frente ouvindo-se, às vezes, um estalido. O terapeuta solta completamente a pele coberta pelo pano, depois repete a cada vértebra o mesmo procedimento, até as últimas torácicas. Geralmente este descolamento é doloroso, mas provoca um grande alívio.

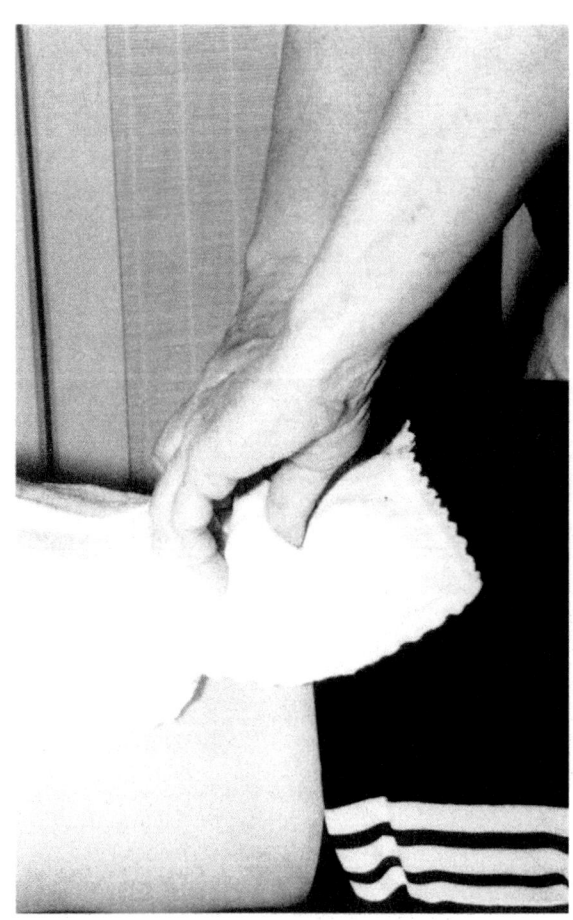

Mobilização dos planos superficiais da região lombar.

MOBILIZAÇÃO DOS TENDÕES DE JARRET

Procedimento para alongamento dos tendões (quadríceps), que deve ser repetido três vezes ao dia.

• Paciente deitado de costas, relaxado, mãos ao longo do corpo, perna contralateral esticada, perna homolateral com o pé sobre o ombro do terapeuta.

• Terapeuta na lateral, coxa inferior em contato com a mesa, ombro inferior apoiando pé do paciente.

• Ambas as Mãos estabilizam a perna, segurando-a pelo joelho.

• A Execução I é feita em três etapas, não necessariamente nesta ordem: paciente força a perna no sentido de abaixá-la e esta pressão é mantida por 8 a 10 segundos. Terapeuta ergue a perna até seu limite máximo (sem flexão), e a mantém por 8 a 10 segundos. Terapeuta força o alongamento ao máximo em amplitude e o mantém por 8 a 10 segundos.

(Repetir a seqüência três a quatro vezes)

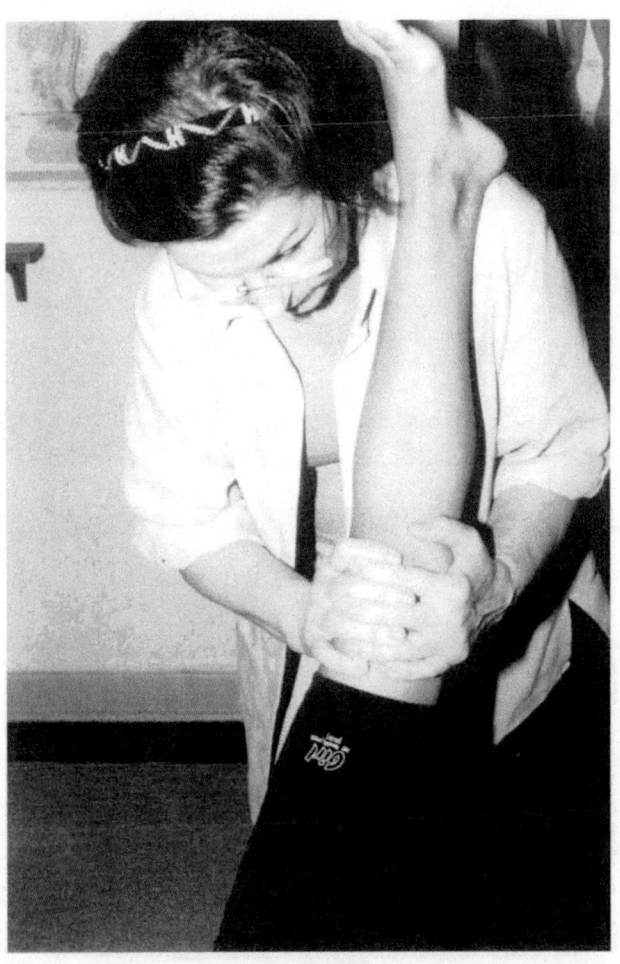

Mobilização dos tendões de Jarret
(execução I)

• Paciente se deita de bruços, braços relaxados e pendurados na maca, perna homolateral fletida a 90°.

• Terapeuta do lado contrário à subluxação, na lateral da mesa, de frente para ela.

• Mão Superior sobre o Sacro-ilíaco.

• Mão Inferior abarca o joelho, mantendo a flexão.

• Execução II é feita inicialmente com terapeuta levando a perna ao máximo de extensão apoiando o joelho, e mantendo de 8 a 10 segundos, em seguida força o alongamento de pouca amplitude e o mantém por 8 a 10 segundos.

Repetir a seqüência de três a quatro vezes.

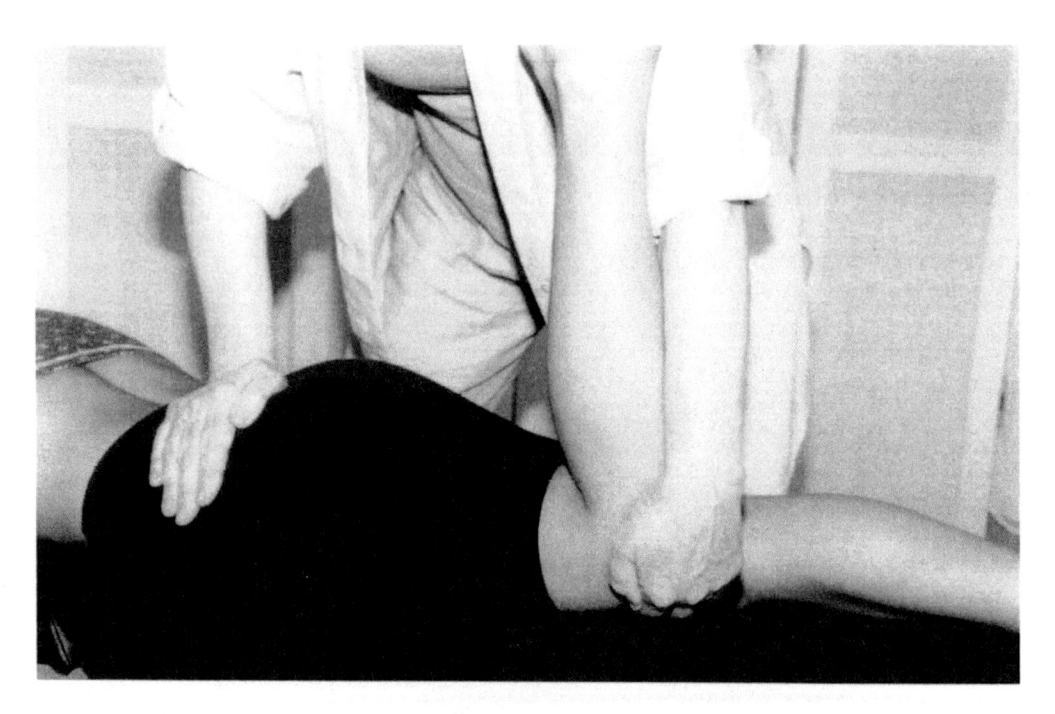

Mobilização dos tendões de Jarret
(execução II)

ALONGAMENTO PÉLVICO

Esta movimentação deverá ser executada três vezes ao dia, durante mais ou menos 15 dias.

• Paciente deitado supino, relaxado, braços ao longo do corpo.

• Terapeuta ao lado da mesa, toma a perna homolateral do paciente um pouco acima do tornozelo:

• Execução I – flexiona ao máximo, dirigindo o joelho no sentido do ombro homolateral e mantém a pressão por 30 segundos.

• Execução II – dirige o joelho no sentido do ombro contralateral no limite permitido e mantém a posição por 30 segundos.

• Execução III – encosta a planta do pé no joelho contralateral forçando no limite a abertura da perna e mantém por 30 segundos (esta abertura pode ser aumentada através do contato da mão de apoio sobre a asa ilíaca contralateral).
Repetir do outro lado.

• Execução IV – paciente de pé, pernas separadas ao máximo em abertura e mantém por 30 segundos.

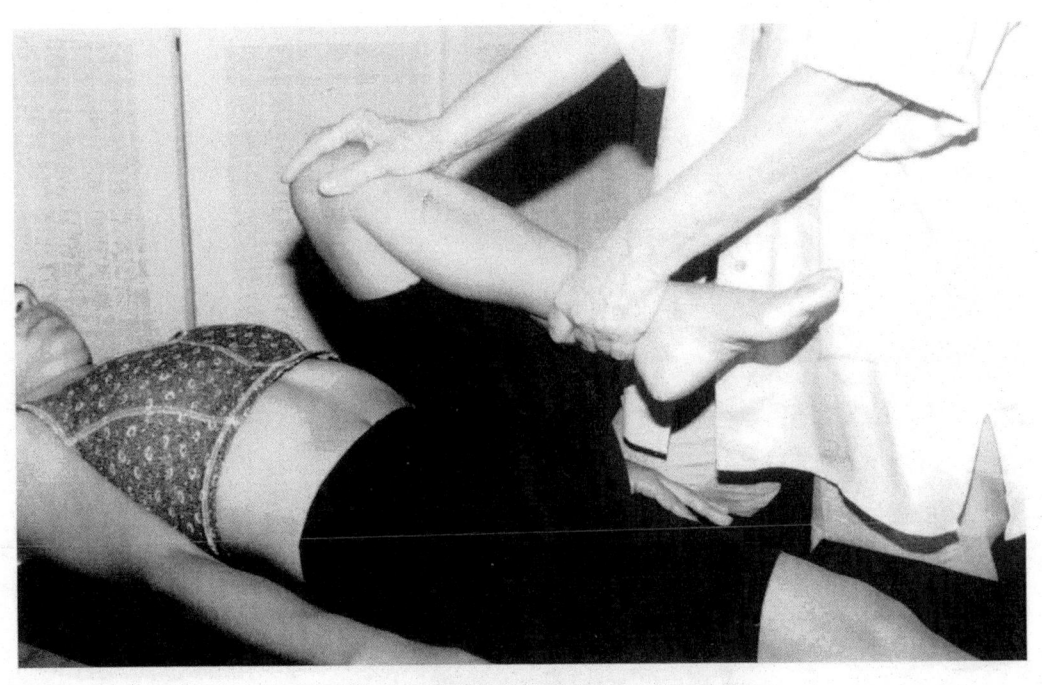

Posição inicial para o alongamento pélvico
(execuções I, II e III)

TESTES DE TENDÕES

(Principalmente nas Algias de Virilha).

1. Paciente prono, com a perna em 90°, forçando para dobrá-la.

Terapeuta segurando pelo tornozelo, usa a mesma força contrária.

2. Paciente prono, com a perna esticada em 45°, forçando para baixá-la.

Terapeuta segurando pelo joelho, usa a mesma força contrária (no sentido de levantar a perna).

Se o paciente sente dor, pode ser:

• Ferida Tendinosa – o procedimento recomendado é Deep Massage.

Se a perna ficou fraca, pode ser:

• Semiparalisia – o procedimento recomendado é massagem e Deep Massage.

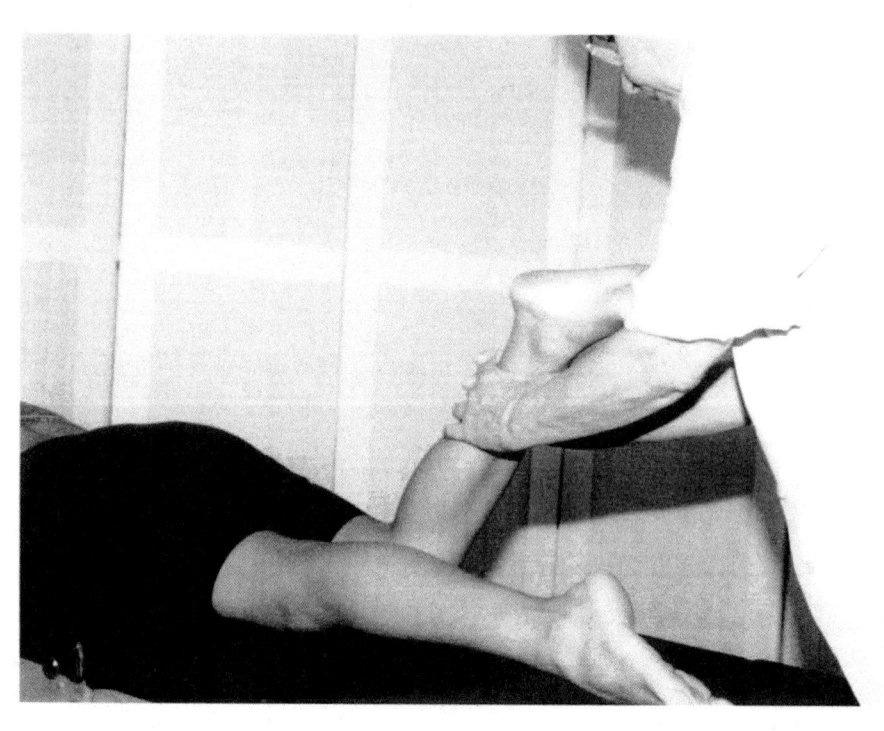

Testando tendões

DEEP MASSAGE

Muitas algias têm origem em tendões ou em ligamentos, existindo diversos procedimentos nesses tratamentos, sendo que o mais antigo é a massagem tradicional. Hoje, entre todos os recursos que dispomos, destaca-se a Deep Massage, com fantásticos resultados e a mobilização manual dos planos superficiais da região lombar, que permite um alívio extra após a manipulação desses segmentos.

Como o próprio nome diz, Deep Massage, é uma massagem profunda feita sobre a parte dolorida do tendão ou ligamento. Chega-se ao tendão, primeiramente em função do músculo que depende dele e que ficou evidente através da pesquisa de dor no teste de contra-resistência (ver ilustração da função muscular), ou através da apalpação profunda o que é sempre muito dolorido.

• Execução: terapeuta coloca o polegar sobre o ponto dolorido do tendão ou do ligamento previamente untado para que possa deslizar sem atrito. Com pressão inicialmente fraca, para não ser muito doloroso, vai fazendo movimentos lentos e cadenciados de vai e vem, por mais ou menos 2 minutos. No aquecimento da área, o terapeuta vai aprofundando o toque, até ficar muito forte (o procedimento total leva 12 minutos).

Os primeiros momentos são extremamente dolorosos, mas a dor cede gradativamente e não raro, no final da Deep Massage, o paciente já se sente muito aliviado.

Dependendo da gravidade do caso, aplica-se a Deep Massage uma ou mais vezes ao dia.

CAPÍTULO 10

EXAME DO TÓRAX

1. PACIENTE EM PÉ, DE COSTAS.

Terapeuta observa:

Se há diferença de níveis dos omoplatas, pode ser:
• Escoliose.

Obs.: No tratamento da escoliose é usado o rolamento prudente do lado da escoliose, massagem, ginástica, além do desbloqueio do Sacro (e ou) da báscula de bacia. Existe também uma técnica específica, ensinada no *Logan Basic College of Chiropractic* no Missouri, Estados Unidos.

• Insuficiência do Grande Dentado. Não há o que fazer.

2. PACIENTE SE INCLINA PARA A FRENTE.

Terapeuta observa na Apófise Espinhal, se o espaçamento intervertebral é variável.

Se a distância entre as vértebras são maiores que o normal, pode ser:
• Bloqueio Torácico Anterior.

Se a distância é menor que o normal, pode ser:
• Bloqueio Torácico Posterior.

Se estão fora de alinhamento, pode ser:
• Bloqueio em rotação.

Se for má conformação congênita.
• Nada a Fazer.

3. O PACIENTE EM FLEXÃO, SE INCLINA À DIREITA, DEPOIS À ESQUERDA.

Terapeuta observa saliências e reentrâncias.

Se existirem contraturas, pode ser:
• Bloqueio homolateral nesse nível.

Terapeuta bate delicadamente com o martelo de reflexo em cada vértebra.
• Caso haja dor, se abstém de ajustar, ou o faz com extrema delicadeza.

4. O PACIENTE EM PÉ, ROTACIONA O TRONCO À DIREITA E À ESQUERDA.

Em caso de dor, sincroniza o movimento com a respiração para facilitar a localização do ponto doloroso.

Se a dor foi Localizada.
• Bloqueio Torácico local.

5. PACIENTE DEBRUÇADO, CABEÇA VIRADA PARA O LADO QUE SERÁ PALPADO, BRAÇOS CAÍDOS NA LATERAL, PÉS SEPARADOS.

Terapeuta na lateral, com polegar voltado para a raque, palpa vértebra por vértebra, e marca com crayon ou lápis de sobrancelhas, os pontos doloridos.

Se a dor acontece na região Torácica.
• Bloqueio Torácico Baixo.
• Bloqueio Torácico Alto.

CAPÍTULO 11

DESBLOQUEIOS DA REGIÃO TORÁCICA

PETTIBONE

É um desbloqueio forte, muito usado na Osteopatia, que não deve ser executado em pessoas de ossatura frágil. O Pettibone também pode ser usado para ajustes lombares.

• Paciente sentado sobre a maca, braços cruzados no peito, mãos sobre os ombros, a cabeça em hiperflexão, que deve ser assim conservada durante todo o ajuste.

• Terapeuta em pé do lado do bloqueio, se não dispuser de mesa de quiroprática, sobre um estrado, tronco ligeiramente torcido para ficar em frente ao peito do paciente.

• Mão de Apoio (mão direita se o bloqueio for do lado esquerdo, esquerda se o bloqueio for direito) enlaça o paciente pela frente e fica espalmada no occipital mantendo a cabeça em hiperflexão.

• Mão Ativa com os dedos dobrados e o polegar esticado, é colocada sobre a raque, coincidindo a eminência tenar com o traço do crayon que demarca a apófise trans-versa da vértebra bloqueada (a apófise espinhal fica entre os dedos dobrados e a eminência tenar).

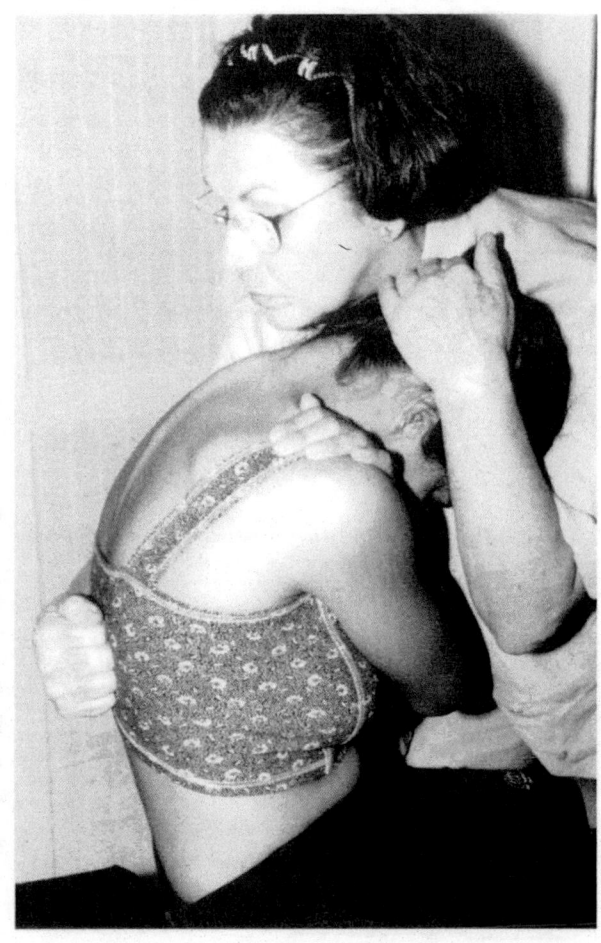

• Tórax apoiado sobre os braços cruzados do paciente (se quiser pode uti-lizar uma pequena almofada ou uma toa-lha dobrada para evitar o contato direto).

• Execução: mão de apoio man-tém a hiperflexão da cabeça, mão ativa mantém o contado da eminência tenar na apófise transversa, enquanto o paciente vai sendo empurrado no sentido da maca pelo peito do terapeuta, que no final do movimento arremata o ajuste, aumentan-do a pressão do contato com o peso de seu corpo.

Para as lombares, será usada uma pequena toalha enrolada, formando um cilindro de uns 10 cm de diâmetro, que o terapeuta segura na mão para aumentar seu volume. É importante manter contato firme das falanges com a apófise trans-versa lombar.

AJUSTE EM PRECE

É um ajuste clássico, recomendado para todas as torácicas, com exceção das duas primeiras. Por ser considerado forte, é proibido para idosos e pessoas com osteoporose.

Dá ótimos resultados principalmente nas algias que irradiam para os braços.

• Paciente prono sobre a mesa, as pernas esticadas e ligeiramente afastadas. A cabeça e os dois braços ficam pendurados fora da maca, queixo apoiado no esterno para dar a curvatura necessária às costas.

• Terapeuta do lado contrário do bloqueio, tronco inclinado sobre o paciente para dominá-lo, mãos postas como em oração (o que dá o nome à manobra).

• As Mãos, quintos dedos com as bordas na apófise transversa de cada lado da raque, paralelos a ela. Os outros justapostos (em prece), ou entrelaçados em direção à cabeça.

• Execução é feita com um impulso das duas mãos, oblíquo e para cima, sendo que a mão ativa (sobre o bloqueio) pressiona mais fortemente, enquanto a mão de apoio com uma pressão mais suave, apenas estabiliza.

Exemplo: para desbloquear uma T8 D, o terapeuta fica do lado esquerdo da mesa. A mão Ativa é a mão D que é colocada sobre a apófise transversa bloqueada, enquanto a mão E apenas estabiliza. As duas mãos ficam separadas pela apófise espinhal. O impulso maior é o realizado com a mão D, liberando o movimento.

Obs.: Este ajuste deve ser repetido no sentido superior/inferior com o terapeuta postado à cabeceira da maca.

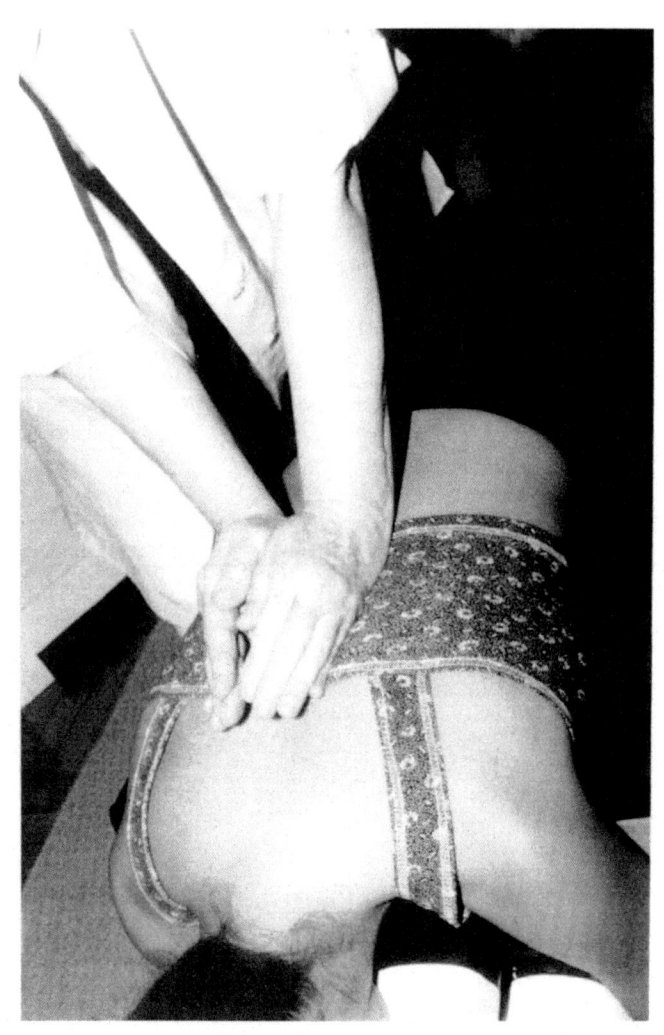

AJUSTE GERAL PARA T SUPERIOR

É um desbloqueio forte e especial para as três primeiras torácicas.

• Paciente deitado de bruços, bloqueio bem próximo à borda da mesa quiroprática, pernas ligeiramente afastadas, braços pendurados, pendendo no vazio, cabeça virada para o lado do bloqueio, é indispensável que o peito do paciente esteja bem achatado de encontro à maca.

• Terapeuta do lado contrário do bloqueio, à altura da nuca do paciente.

• Mão Inferior (a mão ativa) contata com a eminência tenar ou o polegar sobre a apófise bloqueada (T1, T2 ou T3).

• Mão Superior (a mão de apoio), toma o queixo do paciente, dedos encostados à mesa, antebraço em contato com a face.

• Execução: a mão de Apoio rotaciona o queixo no sentido do terapeuta, até o limite do movimento para mobilizar a articulação, enquanto a mão ativa dá um pequeno impulso sobre a apófise bloqueada restabelecendo a mobilidade do segmento.

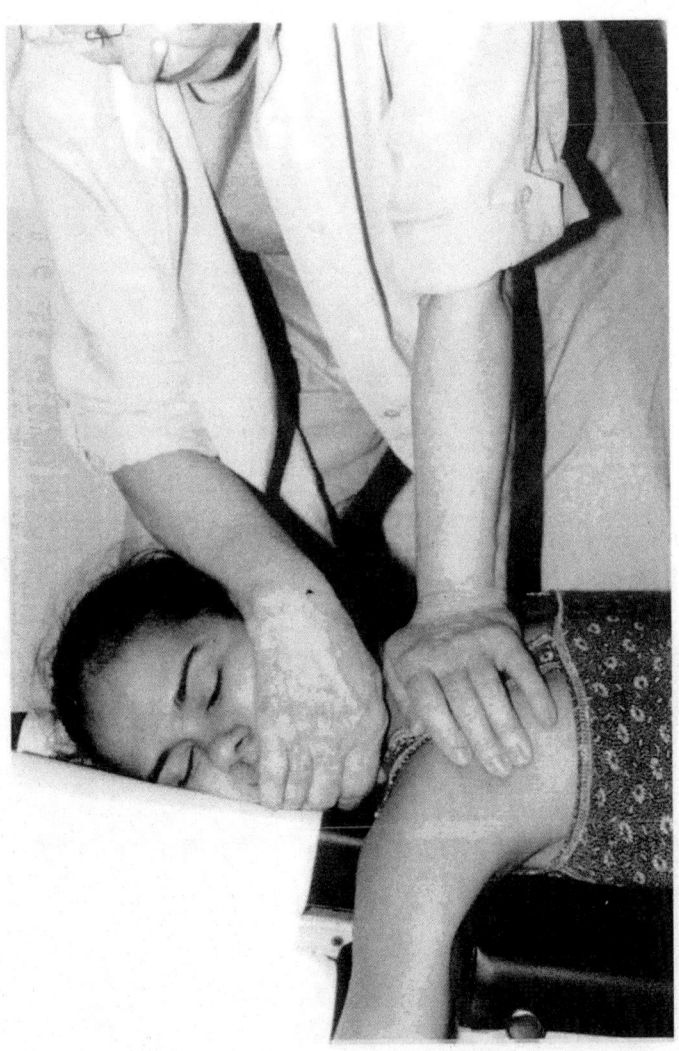

AJUSTE DE TRANSIÇÃO TÓRACO-CERVICAL

Alcança desde C5 até T3.

• Paciente debruçado e com a cabeça ligeiramente abaixada, virada para o lado contrário ao bloqueio, mãos segurando a cabeceira da mesa.

• Terapeuta à nuca do paciente, abaixado sobre ele, cotovelos alinhados com as mãos e bem afastados. Pé superior mais adiantado.

• Mão Superior, com polegar contatando a vértebra, unha virada para a raque, dedos descansando sobre a clavícula.

• Mão Inferior sobre a face e mandíbula do paciente, dedos sobre o occipital.

• Execução: ambas as mãos eliminam a folga, e a mão superior se movimenta no sentido da raque.

Idosos, pacientes crônicos, ou artríticos ficam com a face na fenda, e a cabeceira ligeiramente abaixada.

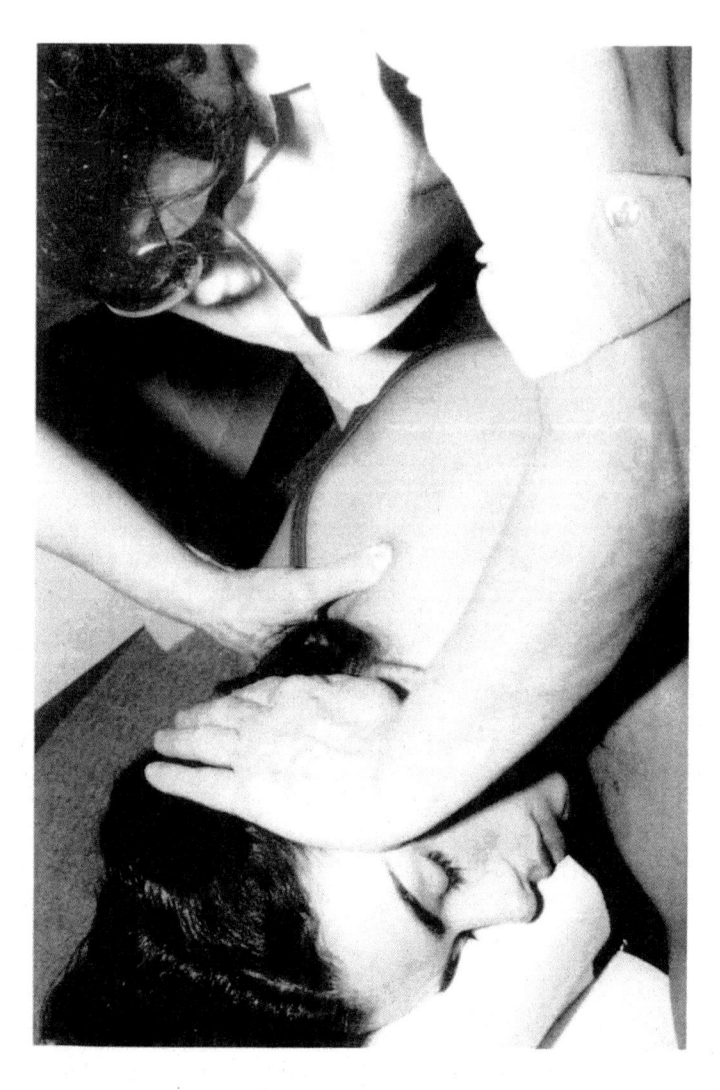

AJUSTE GERAL PARA TORÁCICA ANTERIOR E POSTERIOR

Deve ser executado quando o paciente tem restrição de movimentos em flexão ou em extensão.

• Paciente deitado de bruços, rosto enfiado na fenda da mesa que está ligeiramente abaixada. Braços estendidos segurando no apoio das mãos (se não dispuser de mesa quiroprática, o paciente deverá estender os braços acima da cabeça, firmando as mãos na cabeceira da maca). Pernas estendidas, pés um pouco separados.

• Terapeuta do lado contrário ao bloqueio, ligeiramente virado para a cabeceira.

• Mão Superior, com pisiforme sobre o processo transverso subluxado.

• Mão Inferior, com pisiforme sobre o processo transverso do lado contrário da raque (a mão inferior está cruzada e posterior à mão superior).

• Execução: o impulso que fará a redução, será dado pela mão superior e poderá ser no sentido que se fizer necessário (para baixo e oblíquo à mesa, para cima em direção à cabeça, ou ainda para baixo e em torção interna ou externa), a mão inferior estabiliza e acompanha o movimento da outra.

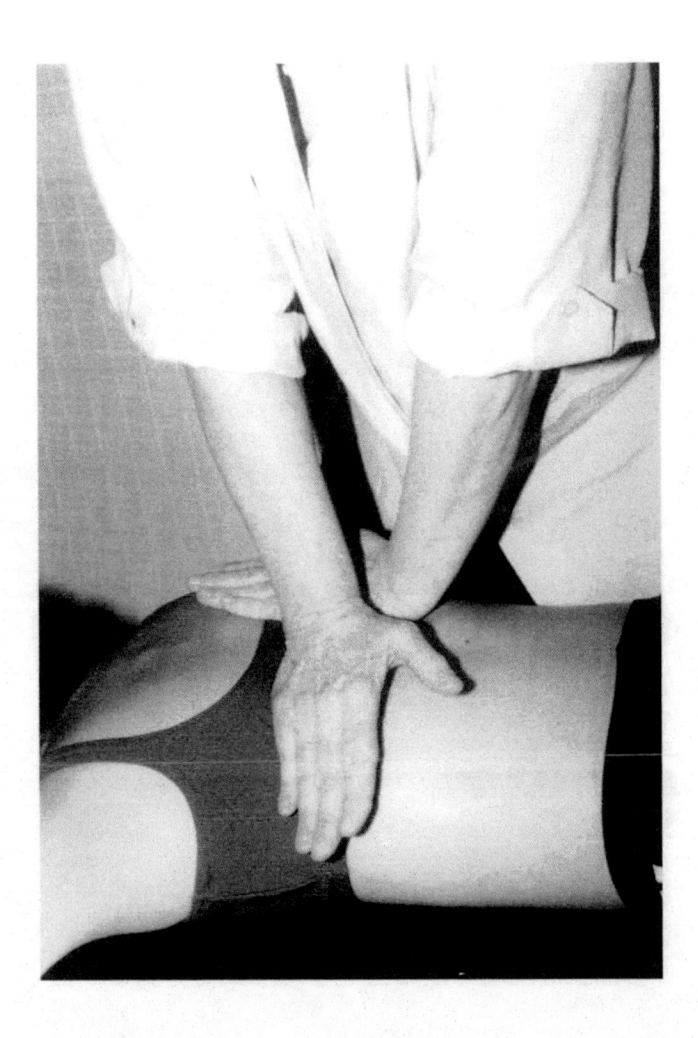

AJUSTE GERAL PARA TORÁCICA POSTERIOR SUPERIOR OU INFERIOR

• Paciente deitado de bruços, rosto na fenda ligeiramente abaixada, braços pendendo na parte superior da mesa quiroprática. Pernas estendidas, pés separados.

• Terapeuta de qualquer lado da maca em ângulo reto com o paciente.

• Mão Ativa com pisiforme no processo transverso, dedos apontando para os pés se for uma subluxação póstero-superior e apontando para a cabeça se for uma fixação póstero-inferior.

• Mão de Apoio pisiforme no processo transverso da mesma vértebra do lado oposto da raque, dedos direcionados para o lado oposto dos dedos da mão ativa.

• Execução: as duas mãos pressionam para baixo, acrescentando o torque que liberará a vértebra. Caso a fixação seja póstero-superior, o torque será em direção aos pés. Se for uma fixação póstero-inferior o torque será no sentido cefálico.

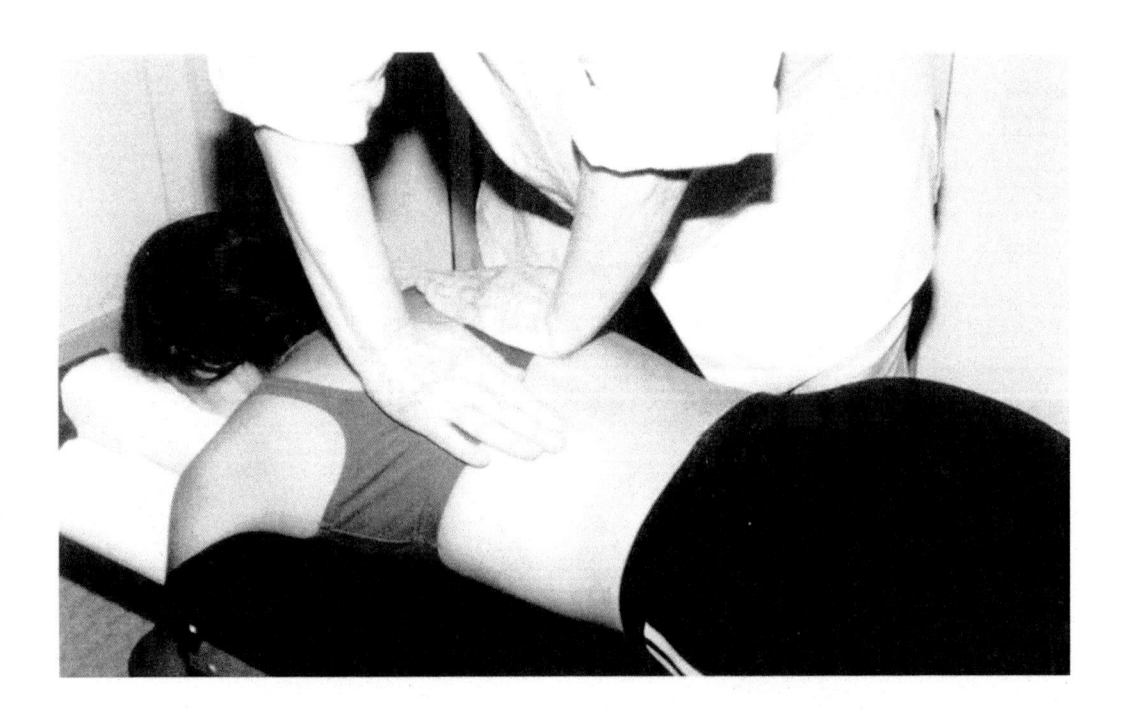

AJUSTE PARA TRANSIÇÃO TÓRACO-LOMBAR

Este é um ajuste geral para subluxações posteriores ou anteriores desde T10 até L2.

• Paciente prono, rosto na fenda, braços pendurados no vazio, pernas esticadas e pés separados.

• Terapeuta ao lado da mesa, virado para a cabeceira.

• Mão Direita com pisiforme contatando o processo transverso ou o mamilar (para as lombares), do lado direito, descansando sobre a extremidade do metacarpo, dedos para os lados, pulso tocando a linha central, antebraço próximo ao corpo do paciente.

• Mão Esquerda com pisiforme contatando o processo transverso ou o mamilar esquerdo (em se tratando de lombares), mão descansando sobre a extremidade do metacarpo, dedos para os lados, pulso tocando a linha central, antebraço próximo ao corpo do paciente, e paralelo ao antebraço direito.

• Execução: as duas mãos se movimentam para baixo (no sentido da mesa) e simultaneamente para cima, no sentido cefálico. Dependendo da subluxação o movimento de pressão pode ser coordenado com pequena rotação bilateral, ou ainda ligeira torção bilateral.

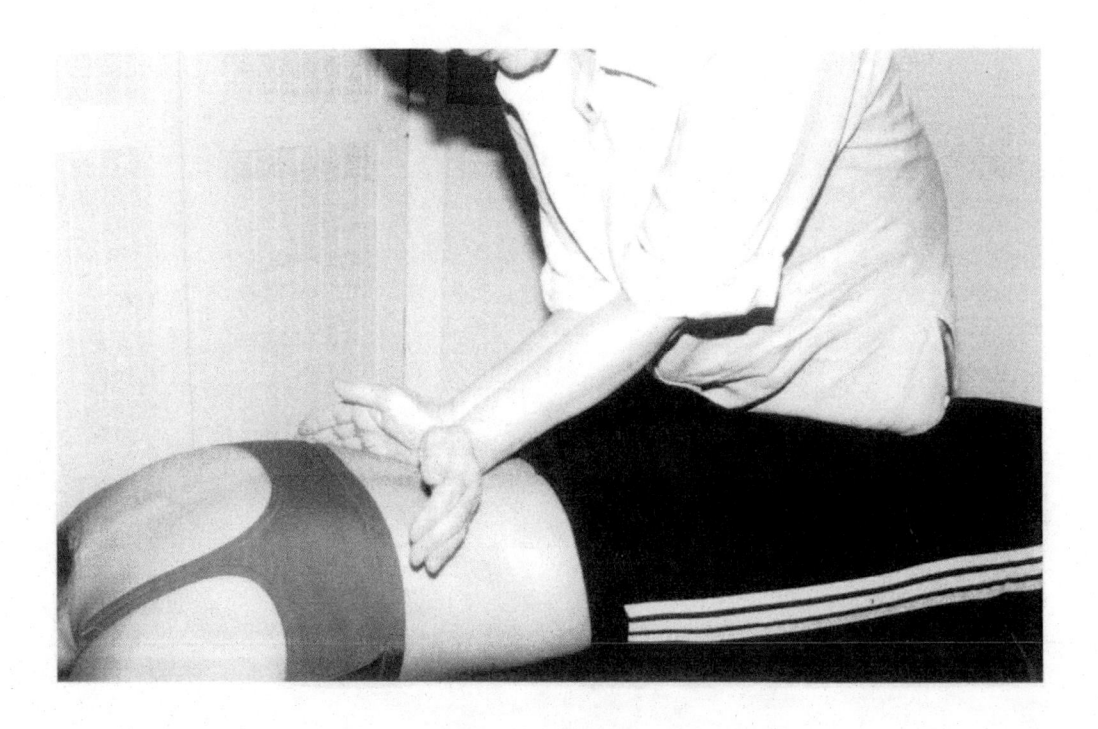

AJUSTE GERAL PARA TORÁCICA ANTERIOR I

Este desbloqueio alcança todas as torácicas, incluindo T1 / T2 / T3 (T Superior). Na restrição do movimento de extensão.

• Paciente de pé, pés afastados mais ou menos 30 cm, braços flexionados atrás da cabeça, mãos com dedos entrelaçados sobre a base do crânio.

• Terapeuta de pé atrás do paciente, tronco na área de ruptura bem abaixo das fixações, um dos pés entre os pés do paciente e alinhado com eles.

• Braços do Terapeuta passam por baixo das axilas, enlaçando os braços do paciente, mãos com dedos cruzados, sobre as mãos do paciente.

• Paciente se inclina para a frente para relaxar e retoma a posição ereta, levando a cabeça e os braços para trás como se espreguiçando.

• Execução: terapeuta impulsiona para trás e para cima, trazendo o paciente em contato com seu tronco.

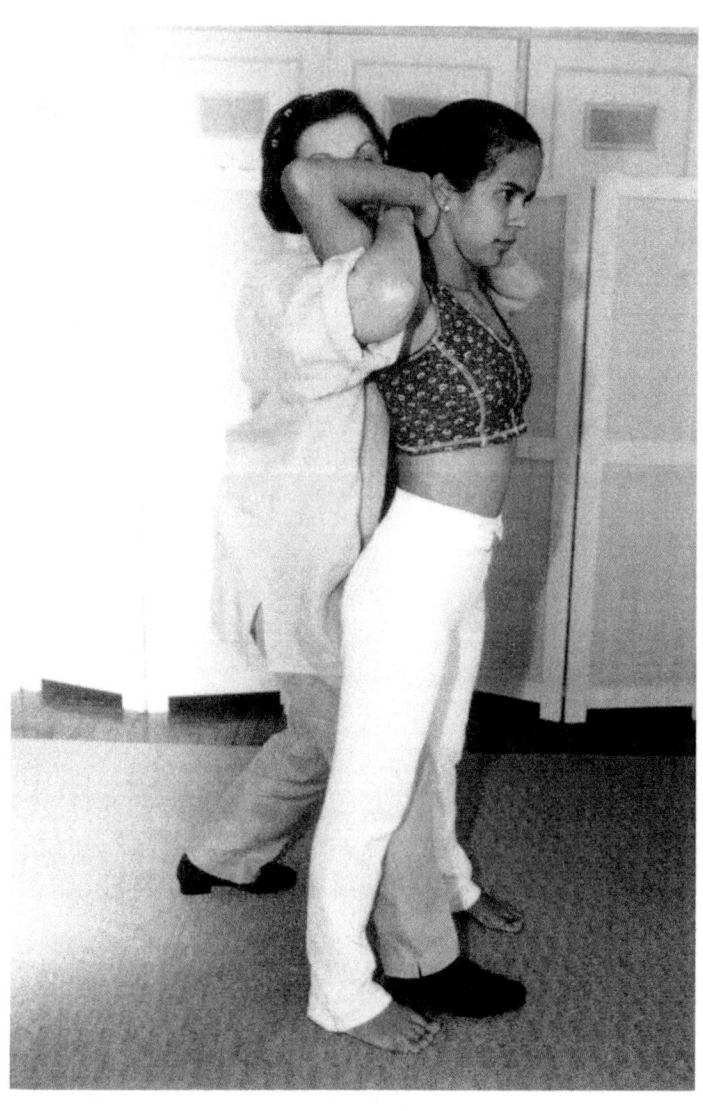

AJUSTE GERAL PARA TORÁCICA ANTERIOR II

• Paciente de pé, pés afastados, mais ou menos 30 cm, braços cruzados sobre o tronco.

• Terapeuta de pé, atrás do paciente, um dos pés entre os pés do paciente e alinhado com eles. Tronco na área de ruptura, bem abaixo das subluxações.

• Mão Direita segura o braço esquerdo do paciente, acima do cotovelo.

• Mão Esquerda segura o braço direito do paciente acima do cotovelo.

• Execução: o impulso é dado para cima e para trás, levando o paciente de encontro ao tronco do terapeuta.

Variações: este desbloqueio tem uma variação enorme de possibilidades, quanto à posição dos braços do paciente, que tanto podem estar cruzados com as mãos descansando sobre os ombros, como cruzados com as palmas sobre a lateral do tórax (simulando um abraço em si mesmo), ou ainda cotovelos unidos na linha medial, queixo apoiado nas palmas das mãos, dedos para cima. Entretanto, o contato do terapeuta é sempre nos cotovelos ou pouco acima deles.

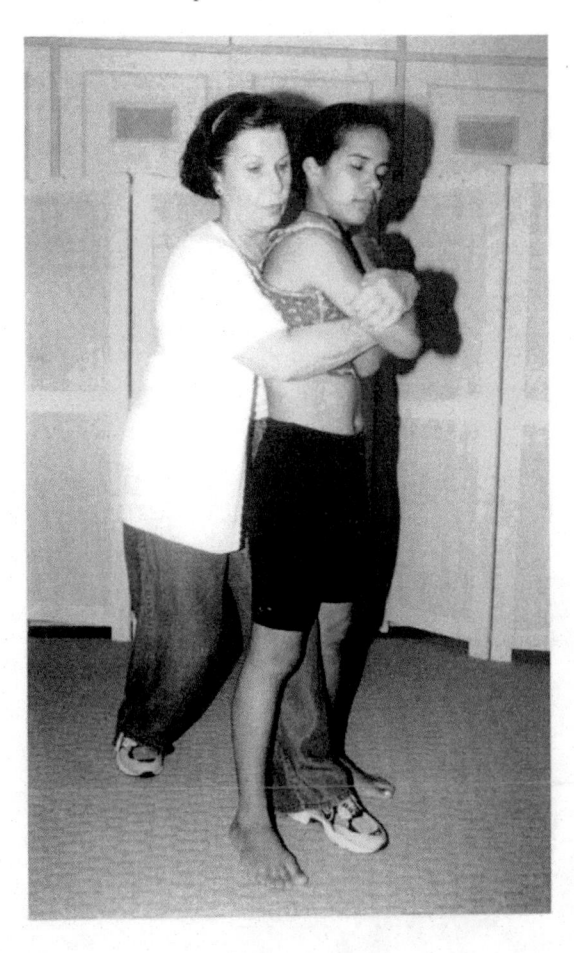
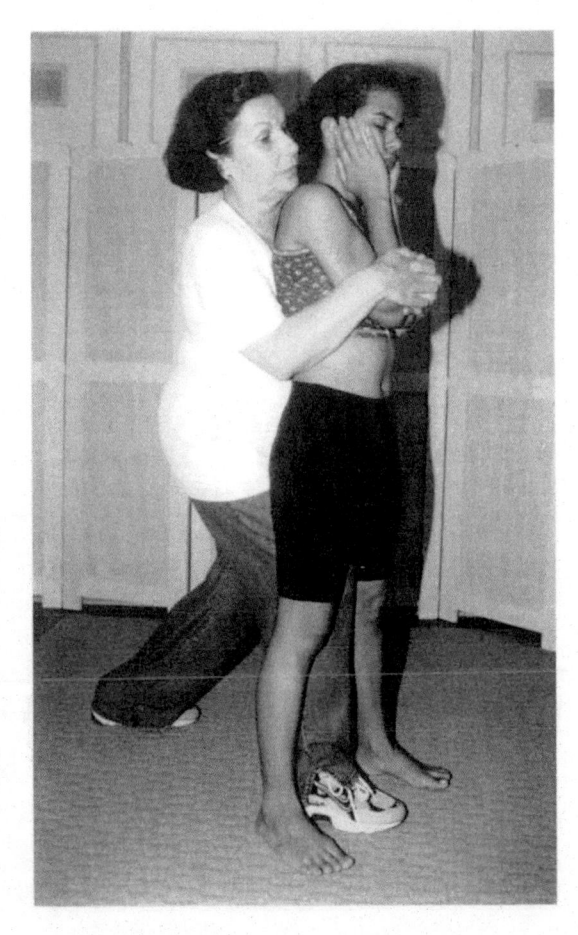

AJUSTE ESPECÍFICO PARA A PRIMEIRA COSTELA

Este ajuste é importante nas dificuldades respiratórias, bronquite, asma, além de resolver dores sem motivo aparente no cotovelo, antebraço, punho, mãos e dedos.

- Paciente sentado, corpo ereto, pernas em 90°, mãos repousando sobre as coxas.

- Terapeuta de pé, às costas do paciente.

- Mão Ativa (a do lado do bloqueio), com o indicador sobre a primeira costela à frente do Trapézio, os outros três dedos sobre o ombro (apenas para estabilizar), o polegar voltado para a raque.

- Mão de Apoio (a contralateral) sobre a cabeça do paciente numa posição confortável, dominando os movimentos.

- Execução: enquanto o dedo indicador firma o contato sobre a primeira costela, a mão de apoio executa três movimentos em seqüência:

Rotaciona a cabeça para o lado contrário ao bloqueio.

Traz a cabeça em extensão e mantém a posição.

Acrescenta por último uma flexão lateral (fazendo a cabeça tombar um pouco para a frente).

O desbloqueio acontece com um pequeno impulso para baixo com a mão de apoio.

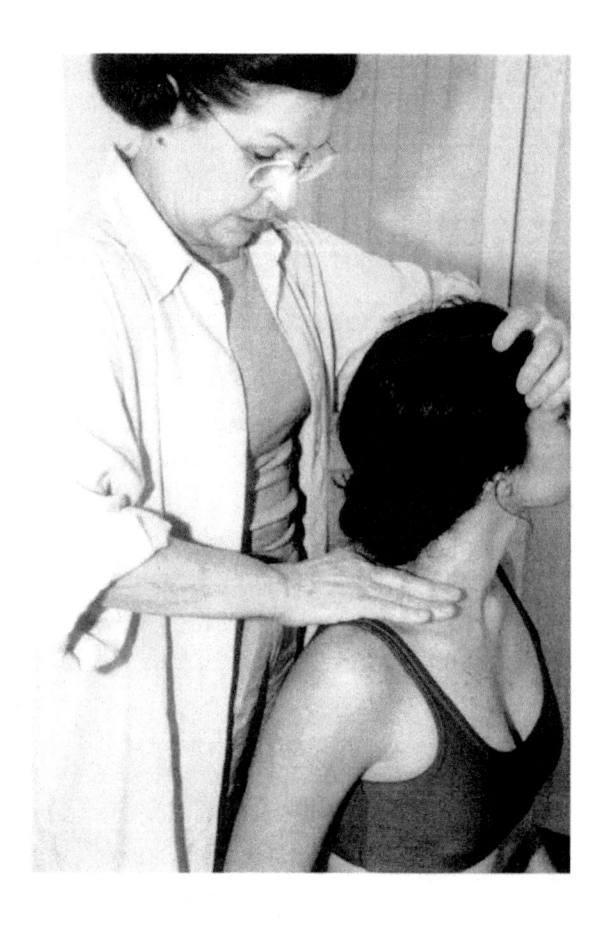

AJUSTE ESPECÍFICO PARA TORÁCICA LATERAL

Este ajuste é executado em pacientes que têm restrição de movimento em flexão lateral, e deve ser efetuado bilateralmente.

• Paciente prono, rosto na fenda, braços pendurados, pernas ligeiramente abertas.

• Terapeuta do lado contrário ao bloqueio, de frente e alinhado com ele (90°).

• Mão Ativa (a mão inferior) com pisiforme sobre o processo transverso.

• Mão de Apoio estabiliza no arco posterior, do lado contrário da raque.

• Execução: mantendo firme os dois contatos, o terapeuta gira o corpo, alinhando-se em 45° com a cabeceira da mesa, ficando perpendicular ao bloqueio (este movimento é feito no sentido de "aprofundar o toque"). Em seguida dá um impulso látero-inferior, liberando o movimento.

Repetir o ajuste no outro lado da raque.

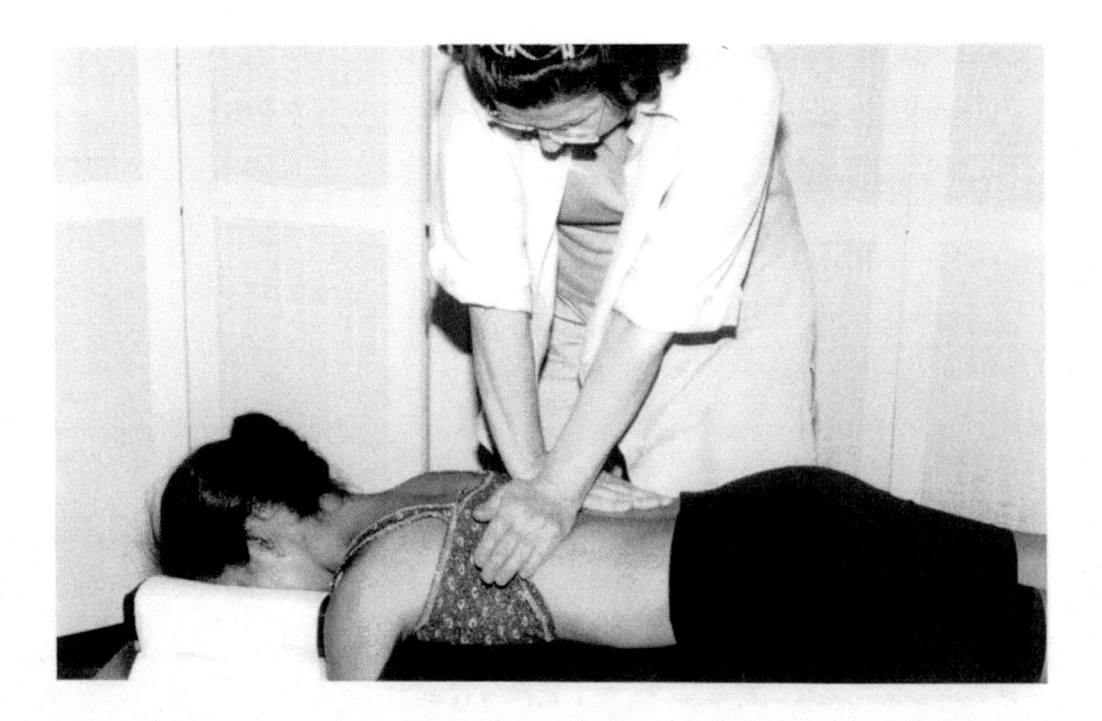

AJUSTE ESPECÍFICO PARA TORÁCICAS ANTERIORES (CIFOSE)

Este desbloqueio deve ser executado em pacientes com restrição de movimentos em extensão.

• Paciente debruçado, rosto enfiado na fenda, braços pendurados, pernas ligeiramente abertas.

• Terapeuta do lado contrário ao bloqueio, de frente para ele.

• Mão Ativa com pisiforme no processo transverso da vértebra bloqueada, firma o contato afastando o tecido mole.

• Mão de Apoio estabilizando, se firma do lado contrário da raque, sobre o arco posterior (à altura do bloqueio).

• Execução: um impulso no sentido da mesa, será suficiente para ajustar a vértebra, liberando o movimento.

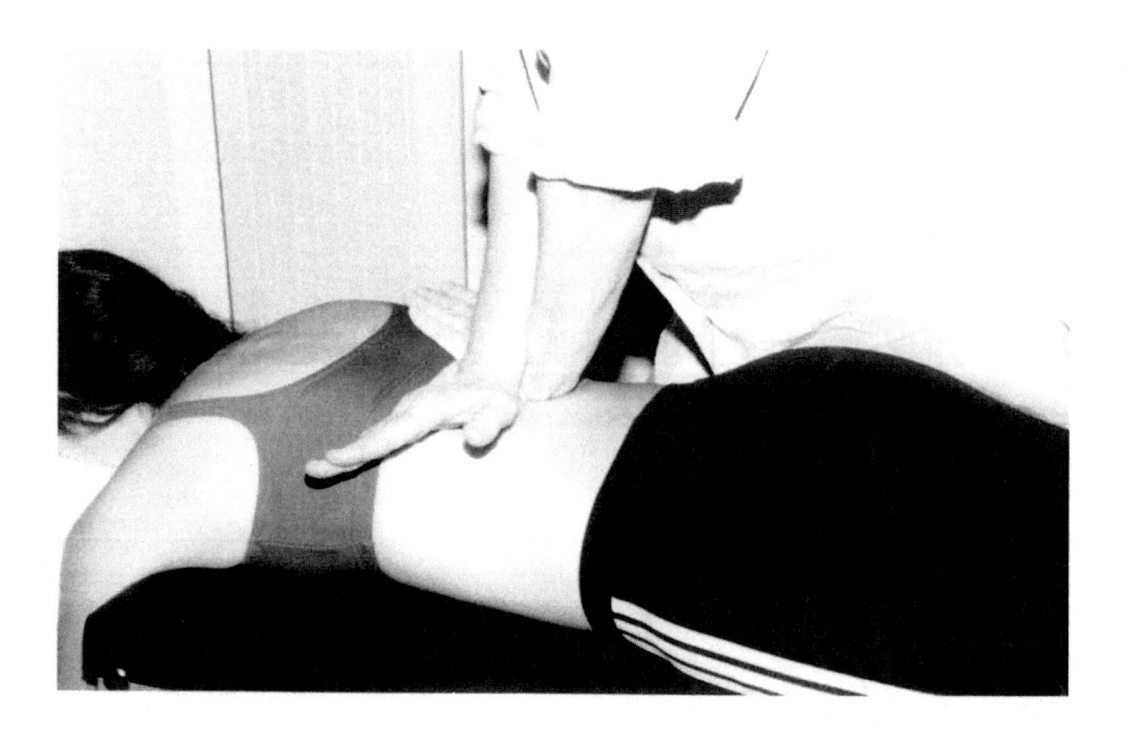

AJUSTE ESPECÍFICO PARA TORÁCICAS EM ROTAÇÃO

Ajuste próprio para pacientes que sentem dores ou desconforto na parte baixa e média do tórax quando giram o tronco.

• Paciente debruçado, rosto na fenda, braços pendurados, pernas ligeiramente abertas.

• Terapeuta do lado contrário ao bloqueio, de frente para ele.

• Mão Ativa com pisiforme sobre o arco posterior da vértebra bloqueada, limpa o tecido mole e aprofunda o contato.

• Mão de Apoio sobre a mão ativa como reforço.

• Execução: um impulso será suficiente para ajustar a vértebra, liberando o movimento.

VARIAÇÃO PARA O T SUPERIOR (T1, T2 e T3)

• Mão Ativa com pisiforme sobre o arco posterior da vértebra bloqueada, limpa o tecido mole.

• Mão de Apoio gira a cabeça do paciente para o lado contrário ao bloqueio e se mantém sobre ela para obter o máximo de rotação possível.

• Execução: com um pequeno impulso se libera a vértebra.

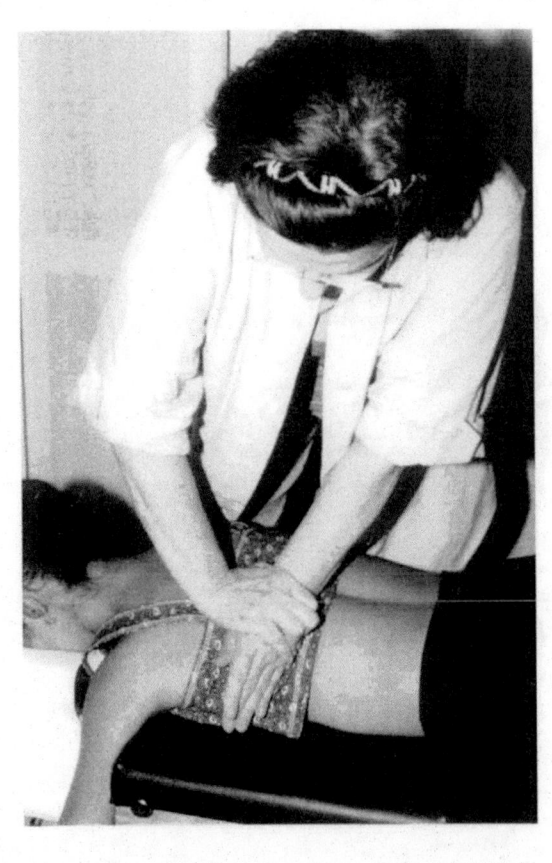 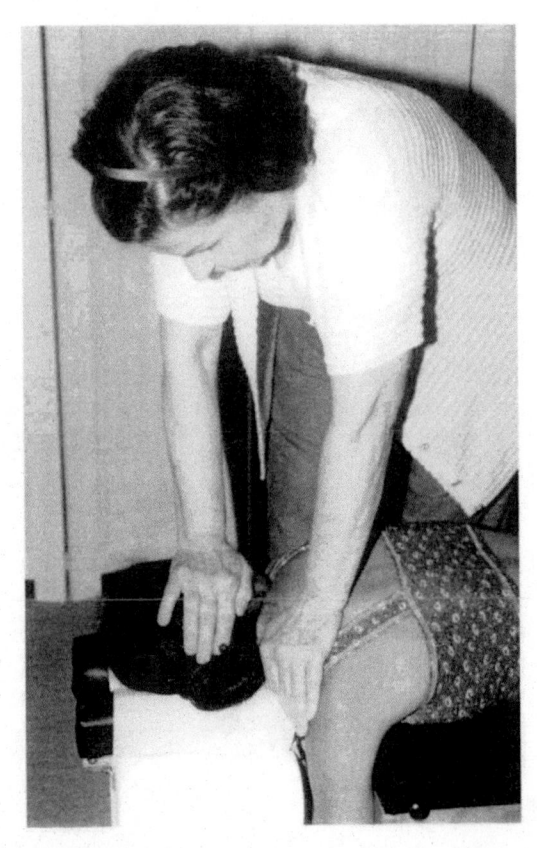

AJUSTE GERAL PARA ARTICULAÇÃO COSTOVERTEBRAL

Usado quando a fixação está localizada na articulação das costelas, não existem testes para estas subluxações, chegando-se ao diagnóstico por comparação no exame de pé com o tronco fletido e/ou por radiografias.

- Paciente debruçado, rosto na fenda, braços pendurados, pernas ligeiramente afastadas.

- Terapeuta de frente para a mesa, no lado contrário ao bloqueio.

- Mão Ativa com o gume externo no intervalo intercostal, limpa a área e aprofunda o contato.

- Mão de Apoio sobre a mão ativa como reforço.

- Execução: o desbloqueio é efetuado com um leve impulso.

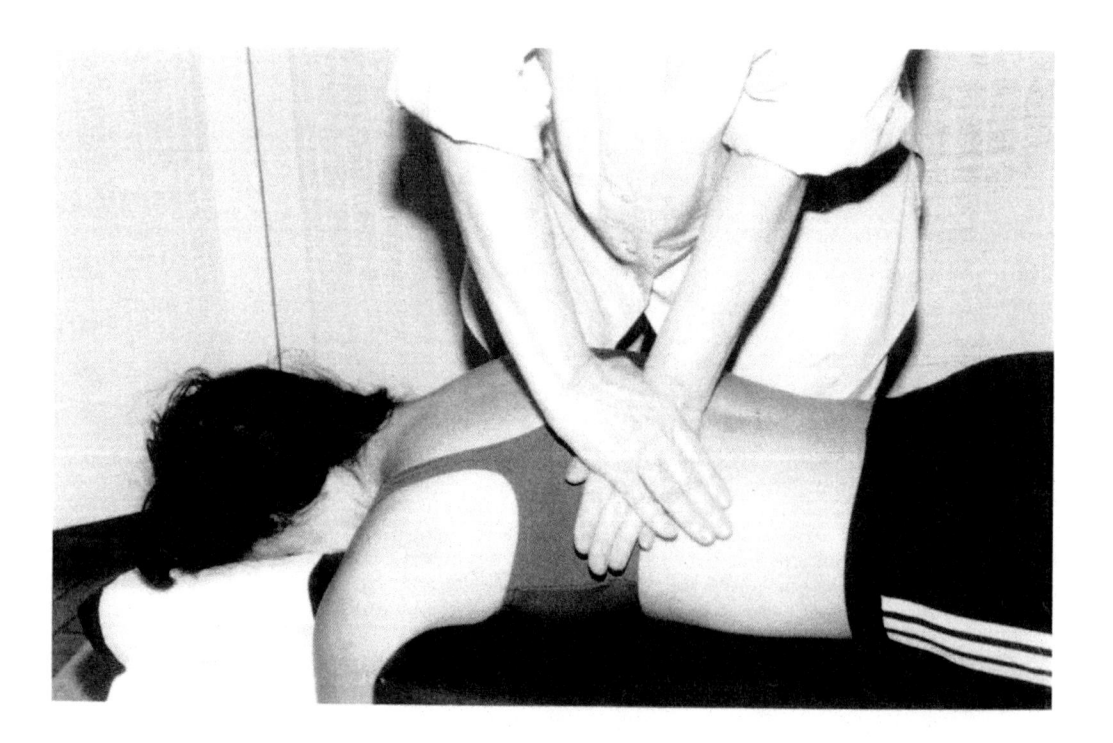

AJUSTE GERAL PARA ARTICULAÇÃO COSTO-TRANSVERSAL

Este ajuste desbloqueia a articulação costo-transversal, restrita em qualquer movimento, seja de extensão, rotação ou de flexão lateral, bastando para isto mudar o sentido em que se executa o impulso, como veremos a seguir.

• Paciente debruçado, rosto na fenda da mesa, braços dependurados, pernas ligeiramente afastadas.

• Terapeuta de frente para a mesa, do lado contrário ao bloqueio (90°).

• Mão Ativa (a mão superior) limpa a área (do tecido mole) e com o pisiforme contata firmemente a articulação costo-transversal (2,5 cm mais ou menos da raque).

• Mão de Apoio estabiliza o contato, apoiando-se sobre o arco posterior na contralateral, dedos voltados para a cabeça do paciente.

• Execução: o desbloqueio é efetuado com um impulso em direção à fixação, ou seja:

Na extensão, o impulso se dirige para baixo, no sentido da maca.

Na rotação, o impulso se dirige para baixo e simultaneamente se acrescenta um movimento de torção no sentido dos pés do paciente, mais ou menos 45° em relação à maca.

Na flexão lateral, o impulso se dirige também para baixo e simultaneamente para fora, no sentido da borda da mesa.

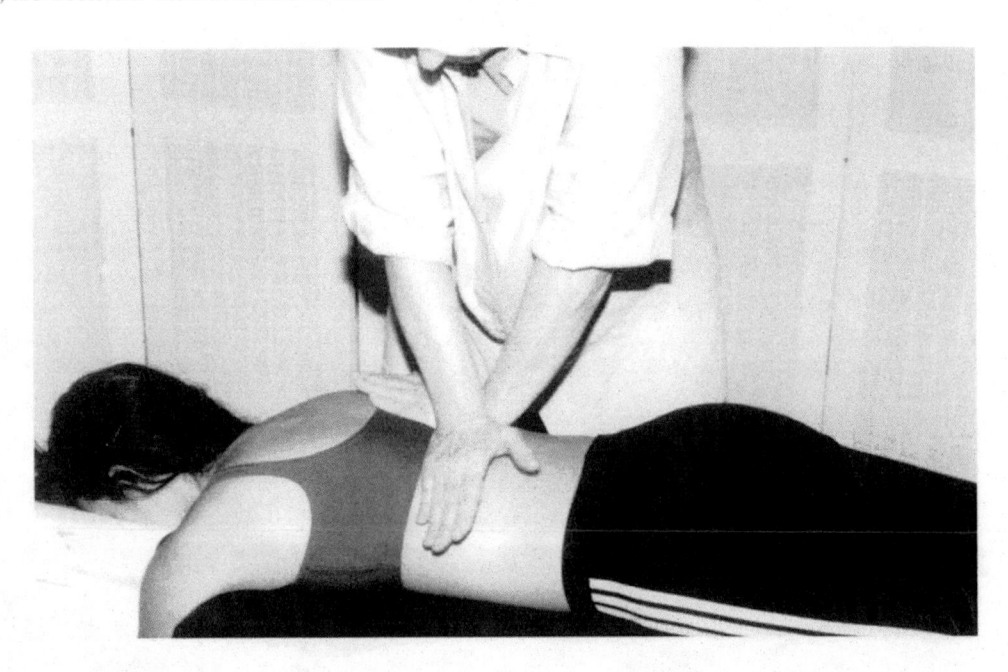

AJUSTE ESPECÍFICO PARA OS LIGAMENTOS INTERESPINHAIS

Para desbloquear as regiões média e inferior do tórax. O resultado é lento, mas seguro.

• Paciente debruçado, rosto na fenda da mesa de ajustes, braços pendurados, pernas ligeiramente afastadas.

• Terapeuta do lado contrário ao bloqueio de frente para ele.

• Mão Ativa encaixa o gume externo no intervalo interespinhal.

• Mão de Apoio sobre a mão ativa, reforçando o contato.

• Execução: o desbloqueio acontece com um leve impulso.

Obs.: Para o T superior, a mão de Apoio se firma na base do crânio, estabilizando, e o impulso é dado no sentido cefálico.

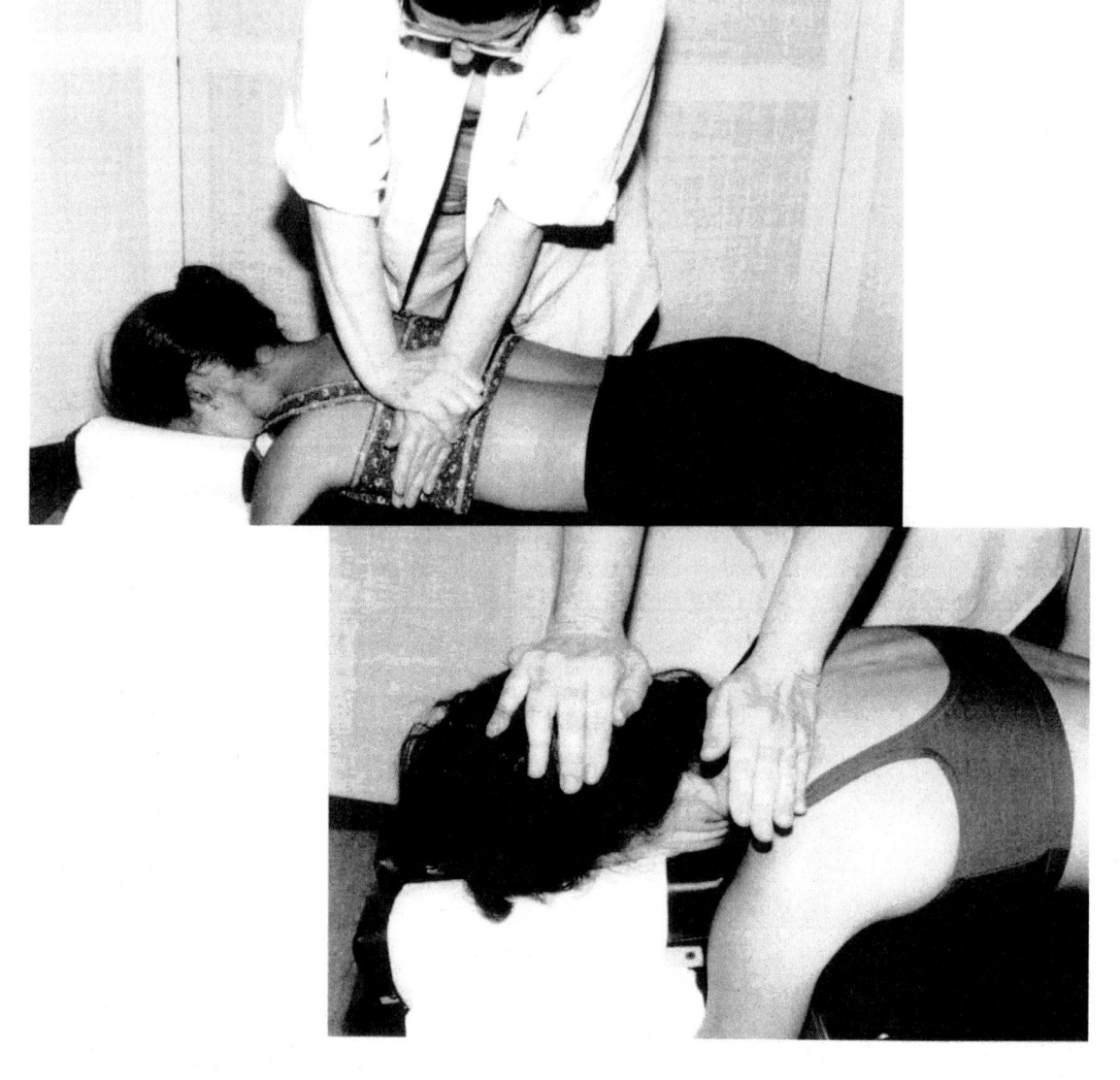

CAPÍTULO 12

EXAME DA REGIÃO CERVICAL

1. PACIENTE EM PÉ OU SENTADO.

Terapeuta às costas do paciente, mão de apoio no ombro, enquanto a outra mão orienta a cabeça nos movimentos de:
A) Flexão.
B) Extensão.
C) Flexão com Flexão Lateral (PA/AP).
D) Extensão com Flexão Lateral (AP/PA).

Se houver enjôo ou tontura, pode ser:
• Perigo de Acidente Vascular. Abster-se.

Se houver dor ou formigamento nos membros superiores, pode ser:
• Obstrução de um Orifício de Conjunção.
• Hérnia de Disco, cujo tratamento é a manipulação prudente.

Limitação sem Dor, pode ser:
• Bloqueio de C7 ou T1.

Limitação com Dor Irradiando para o Tórax.
• Bloqueio Cervical Baixo e Torácico Alto do mesmo lado.

Limitação com Dor Irradiando para Occipito, pode ser:
• Bloqueio Cervical Baixo e em um ou mais Pontos do Occipito (Pontos de Jearnette).

Limitação na Flexão.
• Bloqueio Anterior (A).

Limitação na Extensão.
• Bloqueio Posterior (P).

2. PACIENTE ROTACIONA A CABEÇA PARA A DIREITA, DEPOIS PARA A ESQUERDA.

Terapeuta com as duas mãos nos ombros do paciente, observa:
Se há limitação em um dos Lados, pode ser:
• Bloqueio Cervical.
• Bloqueio Cervical para Compensar um Bloqueio Torácico.

3. PACIENTE INCLINA LATERALMENTE A CABEÇA, À DIREITA DEPOIS À ESQUERDA.

Terapeuta continua com as mãos nos ombros do paciente e observa:

Se há limitação na Inclinação, pode ser:

• Bloqueio de C7.

4. PACIENTE SENTADO.

Terapeuta vai colocando os polegares no arco posterior de cada vértebra, enquanto o paciente movimenta a cabeça em Flexão, Extensão, Rotação D e E, Flexão Lateral D e E, e vai assinalando com o lápis dermográfico os pontos doloridos, para as manobras locais específicas.

CAPÍTULO 13

AJUSTE GERAL PARA CERVICAL

Este desbloqueio é específico de C1 a C6 e é executado do lado da subluxação.

• Paciente supino, mãos cruzadas sobre o peito. A cabeça fora da mesa quiroprática.

• Terapeuta à cabeceira da mesa, apoia a cabeça do paciente e a rotaciona para o lado bloqueado (bloqueio para baixo).

• Mão ativa com o indicador logo abaixo do bloqueio na contralateral.

• Mão de Apoio segura o queixo e mantém a face apoiada no antebraço, colocando a cabeça em flexão (C1 / C2 / C3/ C4, quanto mais alto o bloqueio, maior a flexão) ou extensão (C5 / C6 / C7, quanto mais baixo o bloqueio, maior a extensão), até dar a curvatura necessária.

• Execução: mão ativa exerce pressão látero ascendente com indicador sobre o flanco da vértebra bloqueada, enquanto a mão de apoio traciona fortemente o queixo para o terapeuta.

Exemplo: Bloqueio de C3 E.

Mão Direita é a mão ativa. Coloca o indicador da mão direita na contralateral entre C3 e C4.

Mão Esquerda é a mão de apoio. Queixo do paciente está encaixado na palma da mão esquerda e sua face descansa no antebraço do terapeuta, que dá pequena extensão à cervical.

Execução: indicador da mão ativa (direita) exerce pressão mediana lateral e ascendente, enquanto simultaneamente o queixo é tracionado para o terapeuta.

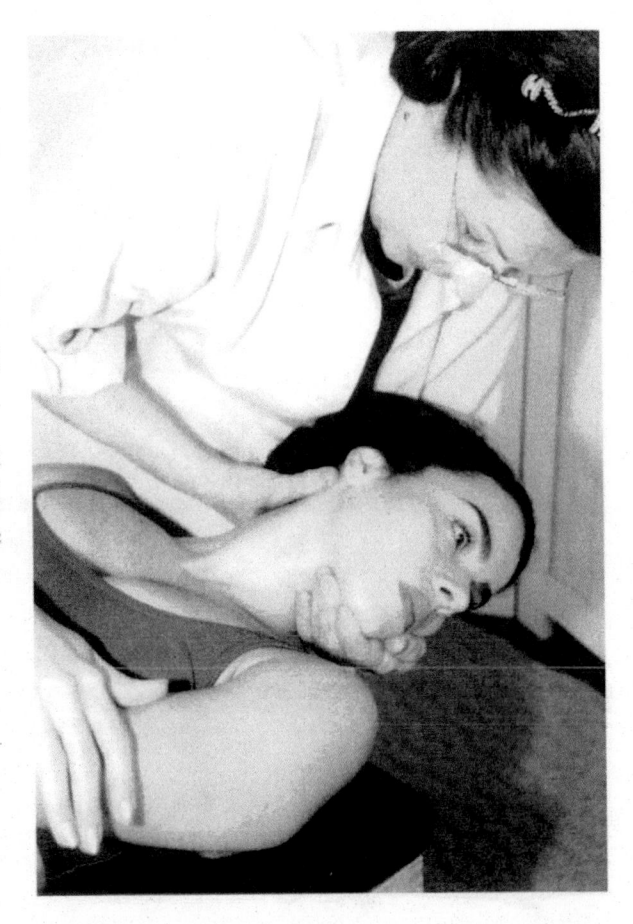

AJUSTE PARA CERVICAL LATERAL

Ajuste específico para C1 a C5, principalmente para bloqueios fechados, estreitos.

• Paciente deitado supino, pernas esticadas, mãos cruzadas sobre o peito, cabeça fora da mesa quiroprática.

• Terapeuta à cabeceira da mesa, apoia a cabeça do paciente e a mantém virada para o lado contrário do bloqueio (bloqueio para cima).

• Mão ativa com o indicador abaixo do bloqueio, polegar na face do paciente.

• Mão de apoio espalma o queixo, tracionando em flexão ou extensão (como no ajuste anterior), face apoiada no antebraço.

• Execução: indicador aumenta a pressão, enquanto o queixo é tracionado pela mão de apoio no sentido do terapeuta.

Exemplo: Bloqueio de C4 E.

Terapeuta rotaciona a cabeça do paciente para o lado direito.

Mão esquerda é a mão ativa. O indicador é colocado entre C4 e C5 e o polegar na face, próximo ao ouvido (para exercer pressão em C4).

Mão direita é a mão de apoio. O queixo do paciente está encaixado na palma da mão direita e sua face descansa no antebraço do terapeuta que dá uma extensão mínima à cervical por tratar-se de C4.

Execução: enquanto o indicador da mão ativa exerce pressão látero-ascendente em C4, a mão de apoio traciona o queixo em direção ao terapeuta.

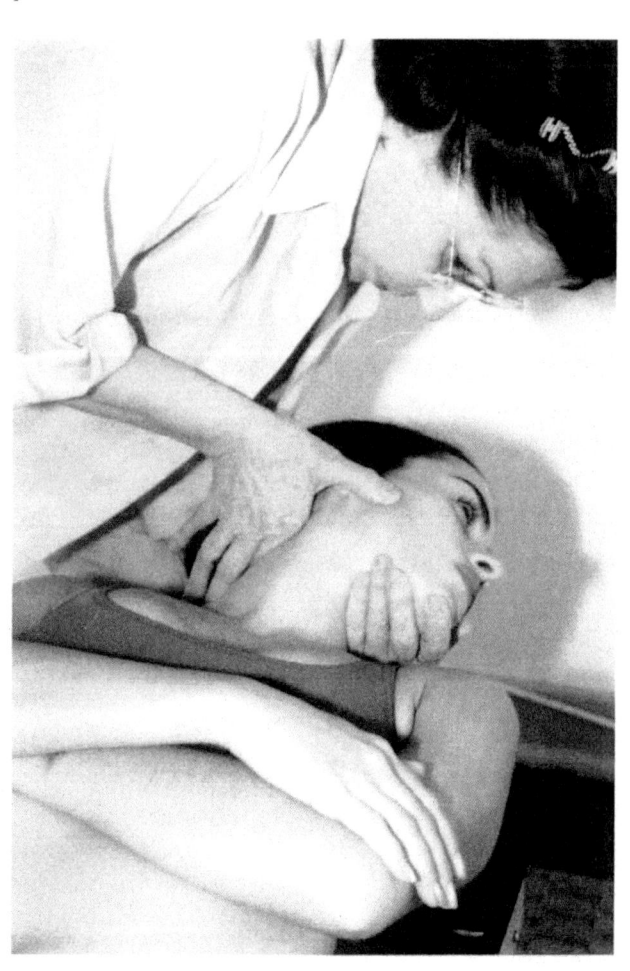

AJUSTE GERAL PARA CERVICAL (EM PÉ)

Desbloqueio específico de Atlas até C5 e de ótimos resultados em C2, C3, C4.

É difícil de ser explicado, mas fácil de ser aplicado, quando o terapeuta entende o mecanismo de sua execução.

Terapeuta toca o bloqueio e solicita ao paciente que faça uma flexão lateral para a esquerda e para a direita, verificando de que lado há maior amplitude de movimento, toda a mecânica do ajuste é projetado sobre esta "medição".

A flexão lateral é feita do lado em que a amplitude é maior.

A rotação, do lado contrário à flexão lateral.

A extensão é relativa à altura da vértebra a ser desbloqueada: para C4 quase não há extensão, para C3 a extensão é maior que para C4, C2 é maior que para C3, e assim por diante.

- Paciente de pé, bem apoiado sobre os pés, braços e ombros relaxados.

- Terapeuta em pé às costas do paciente.

- Mão Ativa com polegar no flanco da vértebra, do lado bloqueado, palma sobre o lado da face, dedos sobre a orelha, para manter a flexão lateral.

- Mão de Apoio com a palma apoiando o pescoço, dedos sob o maxilar inferior, dá a rotação necessária.

- Execução: polegar pressiona látero-ascendente enquanto os dedos mantêm a flexão lateral, simultaneamente terapeuta força a rotação para o ajuste, com um ligeiro empurrão.

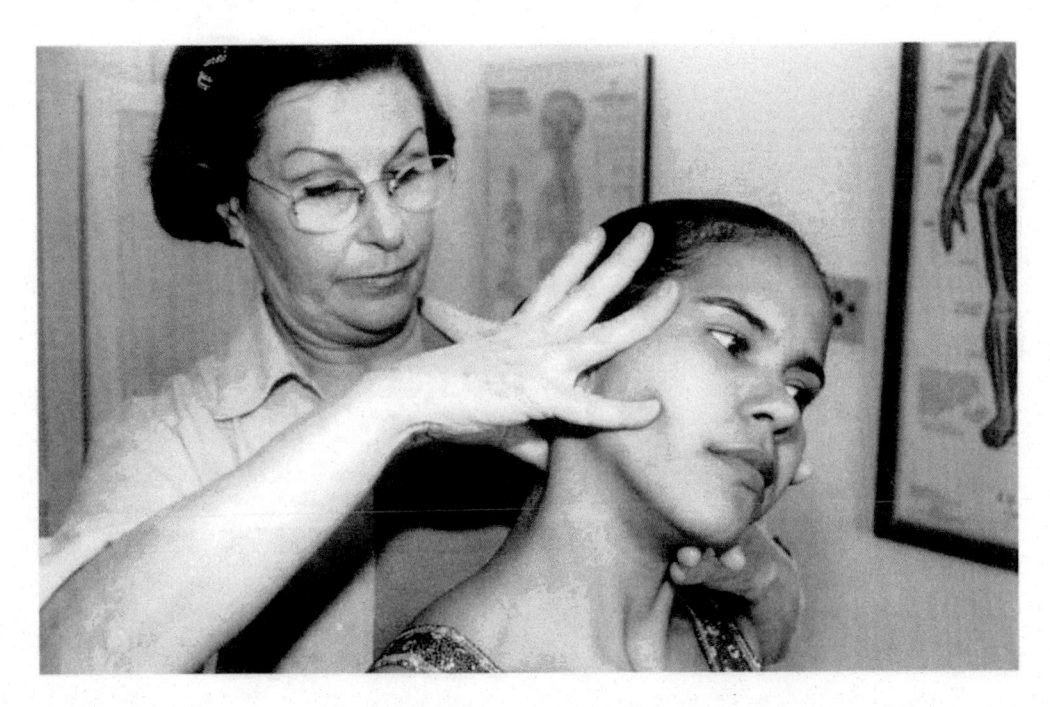

AJUSTE PARA CERVICAL ANTERIOR OU POSTERIOR

Especialmente usados, para diversos bloqueios, Anteriores e Posteriores, em todas as cervicais. Cada vértebra é demarcada com lápis dermográfico, na apófise transversa se a vértebra está à frente da inferior (antelistesis) e na raque se a vértebra está atrás da inferior (retrolistesis). O ajuste é efetuado primeiro do lado do bloqueio, podendo ser repetido no lado contrário.

- Paciente sentado, cabeça ereta, duas mãos sobre as coxas, pés plantados no chão, ombros relaxados.

- Terapeuta às costas do paciente (antelistesis) ou ao lado do paciente (retrolistesis).

- Mão ativa, com indicador sobre a marca de crayon (entre as vértebras).

- Mão de Apoio na cabeça do paciente, com a palma sobre o parietal, logo acima das orelhas, dedos sobre o topo (antelistesis) ou no topo da cabeça (retrolistesis).

- Execução: indicador fica firme sobre a marca, enquanto a mão de apoio força, por pressão, a inclinação para o lado do bloqueio, fazendo a correção (antelistesis) ou mão de apoio pressiona a cabeça em ligeira extensão no caso de retrolistesis.

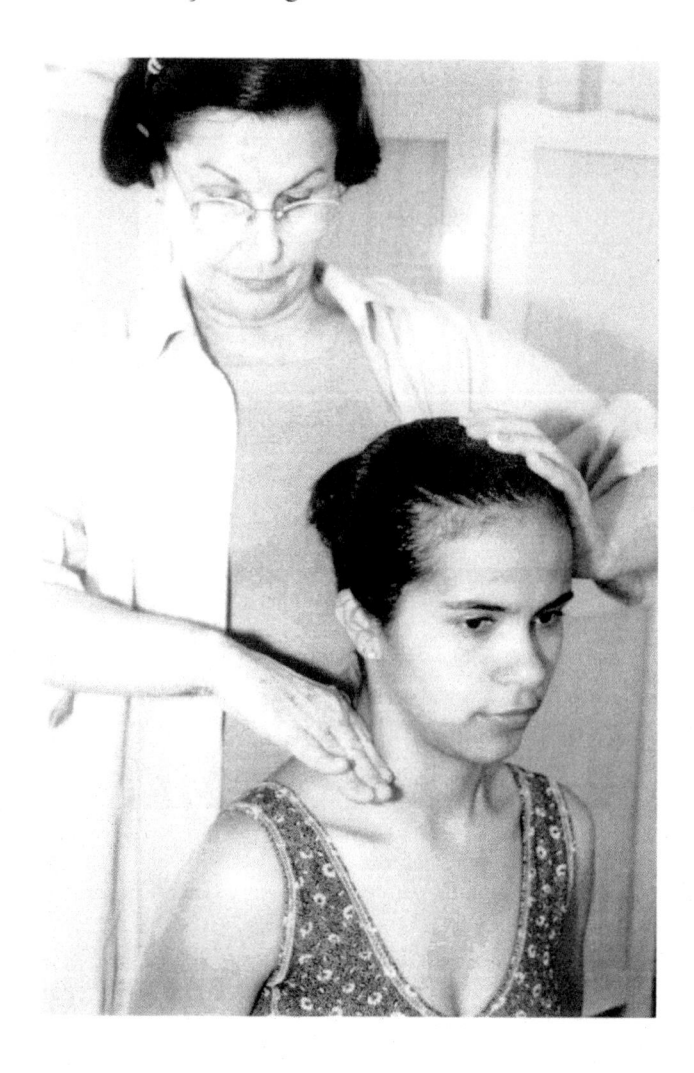

AJUSTE DE TRANSIÇÃO TÓRACO-CERVICAL I

Específico para C6, C7, T1, T2.

● Paciente sentado, coluna ereta, mãos sobre as coxas, cabeça rotacionada a 30°, para o lado oposto ao bloqueio, queixo levantado.

● Terapeuta às costas do paciente, ligeiramente para o lado do bloqueio.

● Mão Ativa descansando no ombro do paciente, bem rente ao pescoço, polegar na apófise bloqueada, dedos para a frente.

● Mão de Apoio na fronte do paciente, bem junto à linha dos cabelos, antebraço em contato com a face, cotovelo o mais próximo possível do pescoço.

● Execução: polegar da mão ativa pressiona a vértebra sobre o arco posterior, enquanto a mão de apoio traz a cabeça em oblíquo ao máximo sobre o bloqueio. Quando a inclinação chegar ao máximo, o ajuste se faz com o aumento da pressão do polegar.

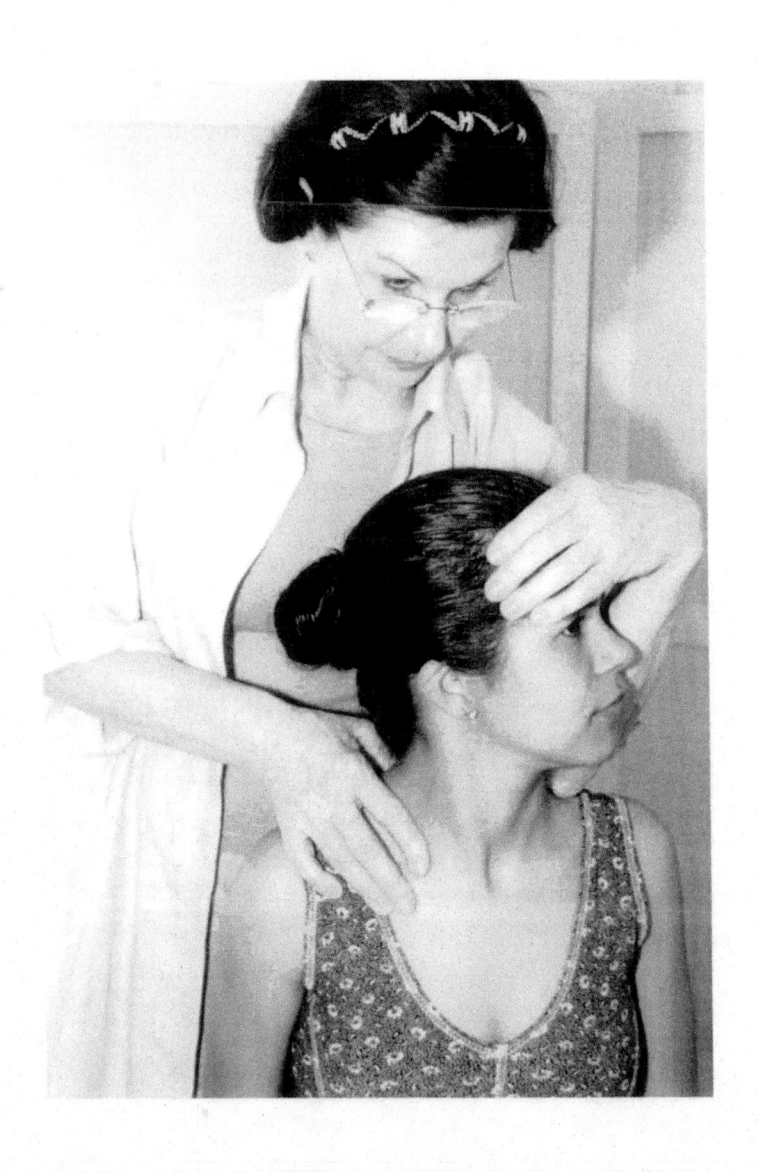

AJUSTE DE TRANSIÇÃO TÓRACO-CERVICAL II

Nas Algias da Raque, especialmente nas junções T1/C7, C7/C6 e C6/C5.

• Paciente prono, com a cabeça pendurada na maca, braços soltos no vazio, pernas afastadas.

• Terapeuta à cabeceira, ligeiramente voltado para o lado do bloqueio.

• Mão Ativa com o polegar contra a raque, unha dirigida para a cabeça do paciente.

• Mão de Apoio toma o queixo e o coloca em hiperflexão, palma e antebraço em contato com a face do paciente.

• Execução: o desbloqueio é efetuado após tirar a folga com ligeira tração ascendente executada pela mão de apoio, enquanto o polegar se firma na raque.

Este é um ajuste muito suave, embora não pareça.

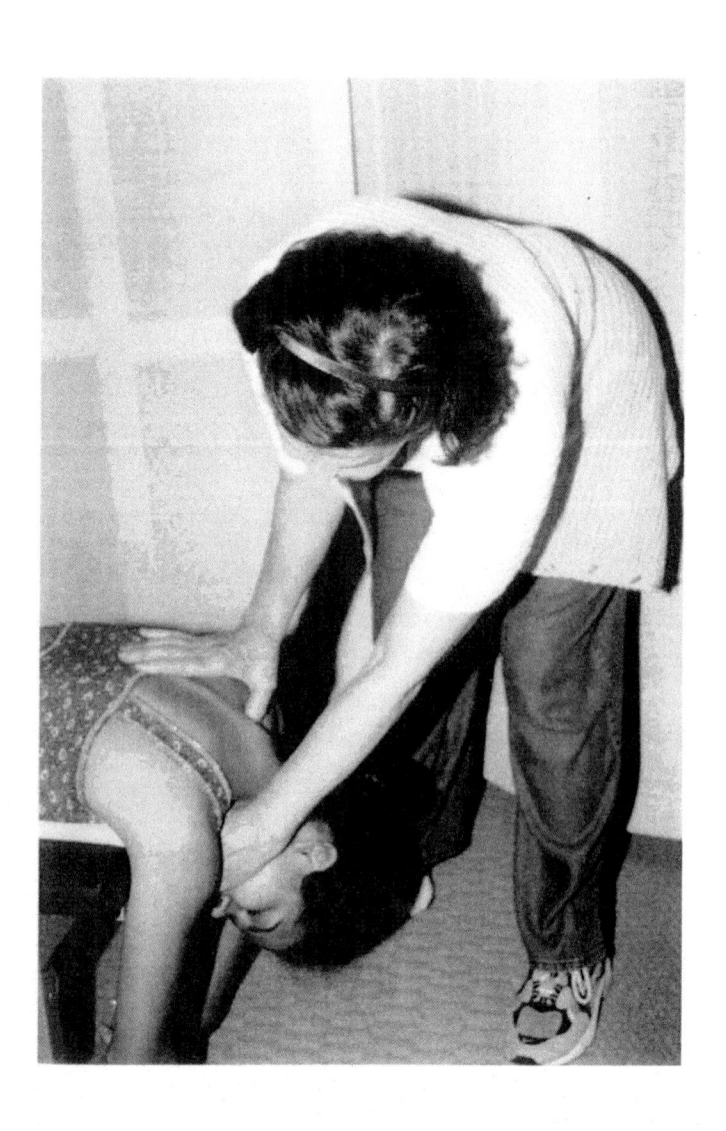

AJUSTE PARA TORCICOLO E ENXAQUECA

Específico para Occipito/Atlas Posterior, e pode ser feito bilateralmente.

• Paciente supino, segurando com ambas as mãos as laterais da maca, cabeça para fora, virada para o lado contrário do bloqueio (bloqueio para cima).

• Terapeuta à cabeceira da mesa, do lado do bloqueio, portanto, olhando para a mesma direção que o paciente, sustenta sua cabeça com a coxa inferior (a coxa mais próxima ao ombro do paciente), corpo curvado sobre o mesmo.

• Mão Ativa passa por baixo cobrindo o ouvido com a palma, dedos em volta do occipito e vértebras cervicais superiores.

• Mão de Apoio (a mão do mesmo lado da coxa que apara a cabeça), com a palma sobre a mandíbula e face, polegar na frente do ouvido, dedo mínimo sob o maxilar, antebraço paralelo ao esterno.

• Execução: enquanto ambas as mãos se movimentam do sentido do topo da cabeça, a mão de apoio empurra levemente o queixo para baixo.

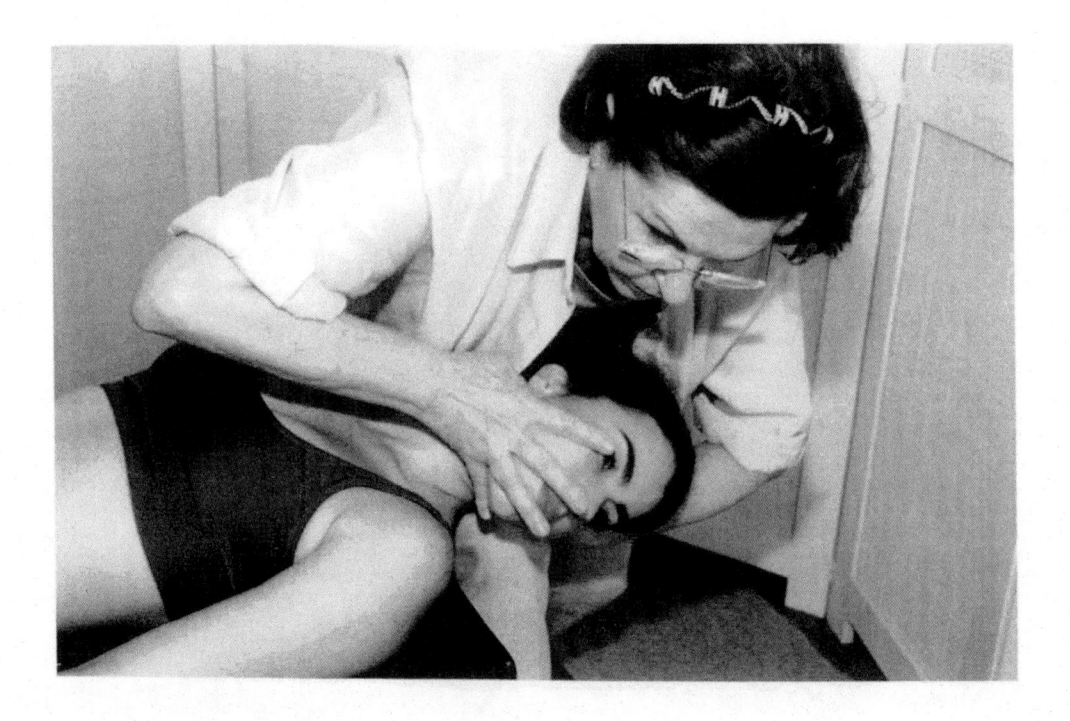

AJUSTE PARA CORRIGIR QUEIXO LEVANTADO

Quando o paciente tem dificuldade de encostar o queixo no peito. Occipito/Atlas anterior.

• Paciente supino, mãos sobre o peito, cabeça para fora da maca, bloqueio para cima.

• Terapeuta de lado, à cabeceira da mesa quiroprática, mais para o lado da fixação, sustenta sua cabeça com a coxa inferior (a mais próxima ao corpo do paciente).

• Mão Ativa (a mão inferior) com indicador abarcando o occipito, polegar atrás do ouvido envolvendo a linha dos cabelos.

• Mão de Apoio (a mão superior), abarca o queixo, mantendo a cabeça apoiada em seu antebraço.

• Execução: abaixar bem o queixo para hiperflexão do occipito/Atlas enquanto as duas mãos se movimentam no sentido do topo da cabeça.

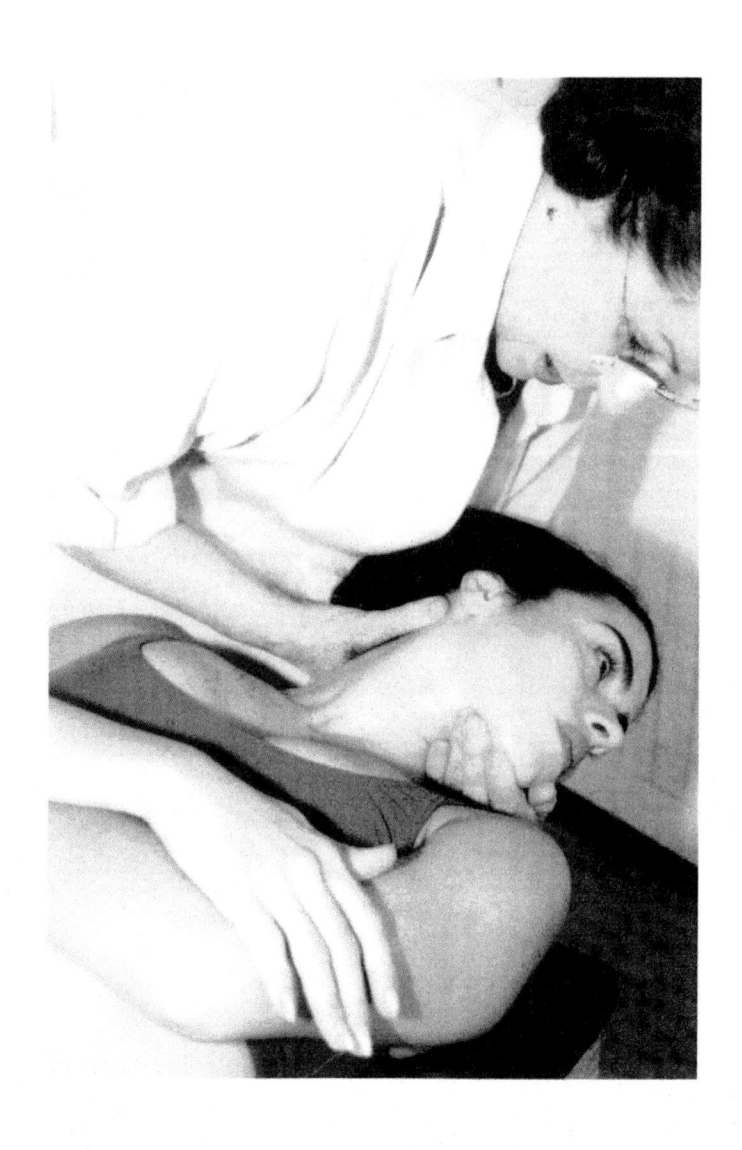

AJUSTE PARA CORRIGIR QUEIXO CAÍDO

Específico de Occipito/Atlas Posterior, para pacientes que têm dificuldade em manter a cabeça erguida.

• Paciente supino, mãos sobre o peito, cabeça fora da mesa quiroprática, fixação para cima.

• Terapeuta à cabeceira do paciente, de frente para a sua nuca, perna inferior sustentando a cabeça.

• Mão Ativa (que nesta manobra é a mão inferior), com polegar ou pisiforme sobre o processo mastóide, limpa a área dos tecidos, para melhor contato e se firma paralela à mandíbula (superior e anterior).

• Mão de Apoio abarca o queixo, antebraço amparando a face do paciente.

• Execução: enquanto o queixo é erguido do esterno, ambas as mãos se movimentam no sentido do topo da cabeça provocando a hiperextensão das cervicais e Occipito/Atlas, se necessário, arrematar o ajuste com um impulso.

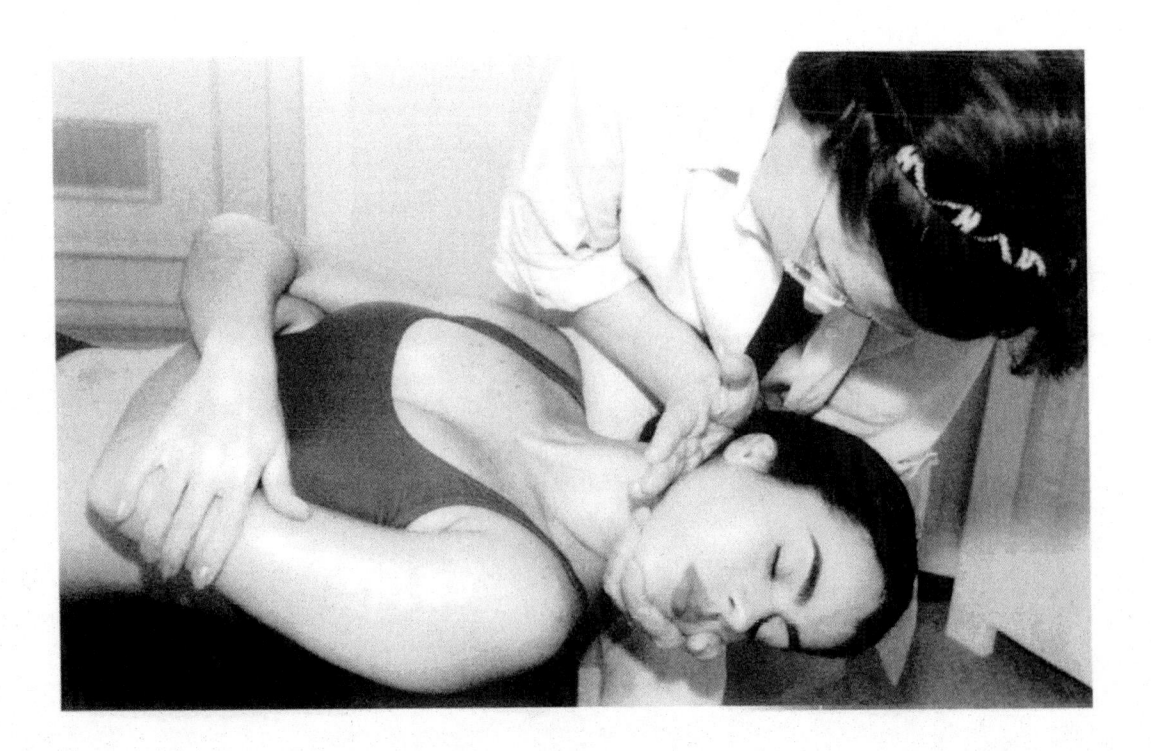

AJUSTE ESPECÍFICO PARA OCCIPITO-ATLAS

Ajuste especial para pacientes crônicos, idosos ou em crise de torcicolo ou artrose.

• Paciente debruçado, rosto na fenda ligeiramente abaixada, braços dependurados, pernas afastadas, para facilitar o relaxamento.

• Terapeuta do lado contrário ao bloqueio, de frente para ele.

• Mão Ativa com gume externo encaixado na articulação bloqueada.

• Mão de Apoio com gume externo apoiado em C7 ou T1.

• Execução: cruzam-se os dedos de ambas as mãos, para uma estabilidade maior, e com eles entrelaçados executa-se o impulso, restabelecendo o movimento.

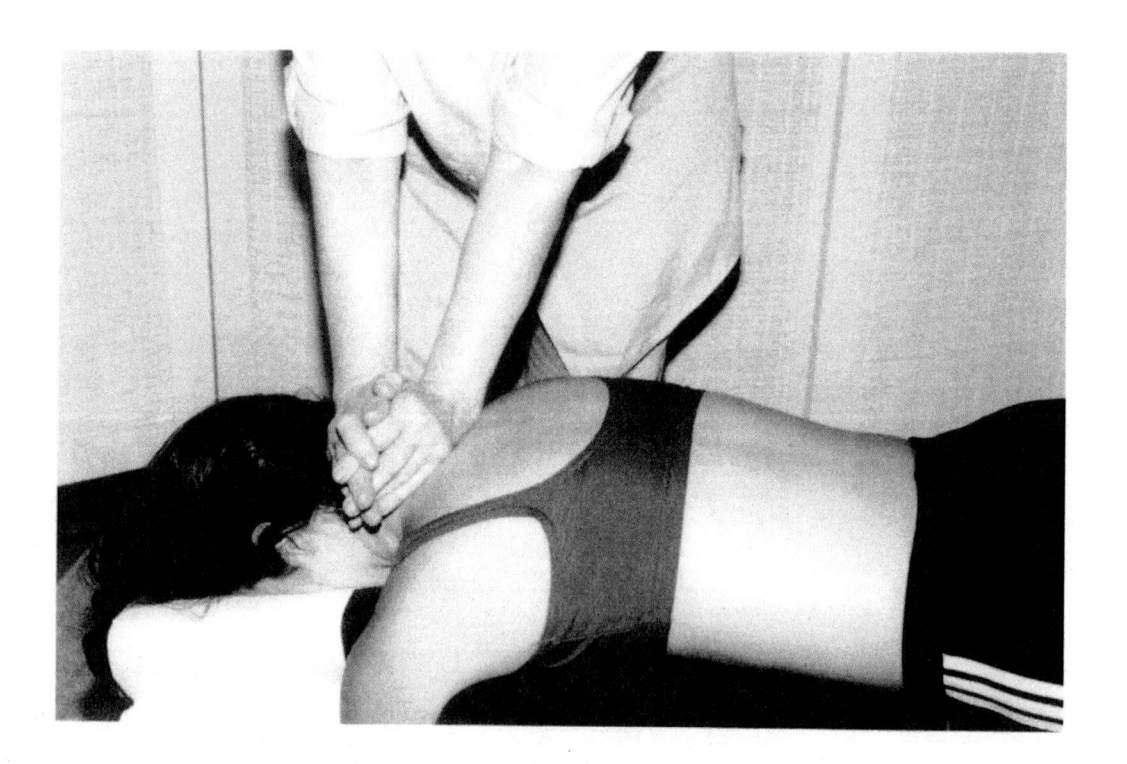

AJUSTE GERAL PARA CERVICAL POSTERIOR EM ROTAÇÃO

Específico para pacientes crônicos, idosos e em casos agudos, quando existe restrição no movimento de extensão.

• Paciente debruçado, rosto sobre a fenda um pouco levantada, para sentir a fixação, braços dependurados, pernas ligeiramente afastadas.

• Terapeuta à altura dos braços do paciente, de frente para o canto superior contrário da mesa (mais ou menos 45°).

• Ambas as Mãos com polegar (polegar duplo) sobre o bloqueio afastando o tecido mole para melhorar o contato e mantendo a inclinação de 45° (na diagonal).

• Ambas as Mãos com indicadores no mesmo nível do lado contrário da raque.

• Execução: a correção é efetuada com um "recoil" (cotovelos afastados e relaxados, contração dos bíceps, tríceps e peitoral, arrematados por um "tapa de gato").

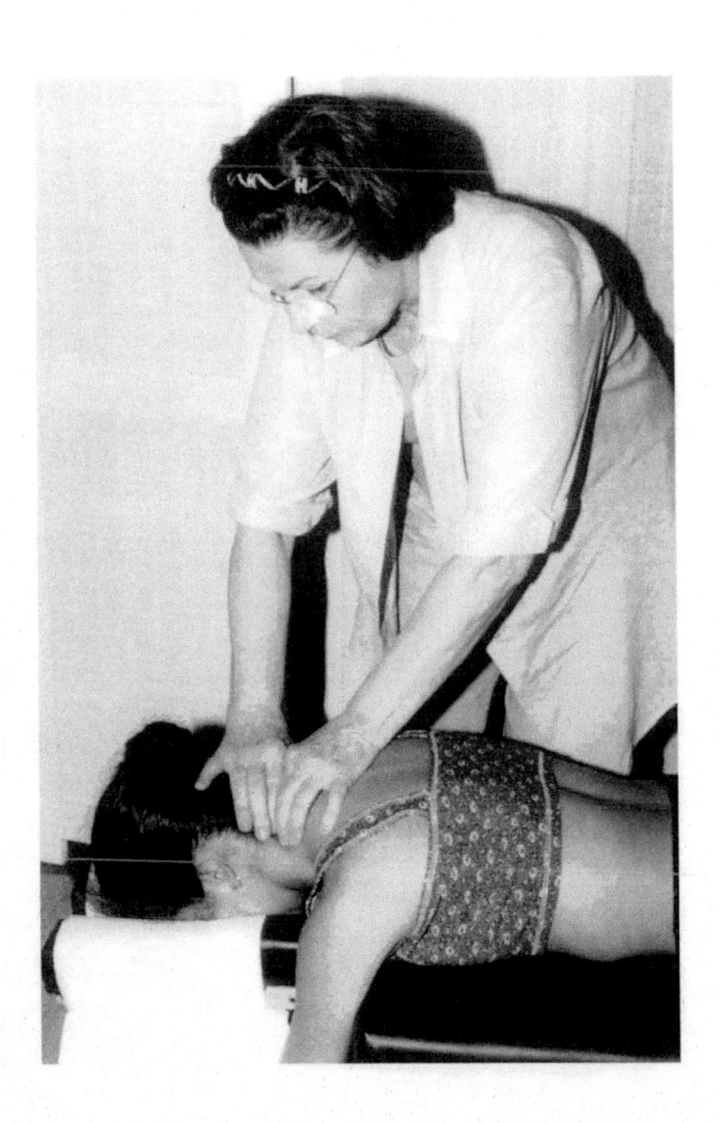

AJUSTE GERAL PARA CERVICAL EM ROTAÇÃO I

Desbloqueio geral em Rotação suave, para todas as cervicais.

• Paciente sentado, pés plantados, coluna ereta, cabeça alinhada.

• Terapeuta de pé, do lado contrário do bloqueio, de frente para o ombro do paciente.

• Mão Ativa (a mão que fica à frente do paciente) com dedo médio sobre o processo articular da vértebra bloqueada, dedos afastados, polegar em frente ao ouvido.

• Mão de apoio espalmada no crânio, cobrindo o ouvido, dedos para cima.

• Execução: terapeuta gira a cabeça do paciente para o lado contrário do bloqueio, mantendo o contato, enquanto o dedo médio da mão ativa impulsiona no sentido do terapeuta, a mão de apoio com o movimento do punho, empurra a cabeça no sentido contrário (este é um movimento redondo, como que forçando a cervical a sobrepor-se à vértebra subluxada).

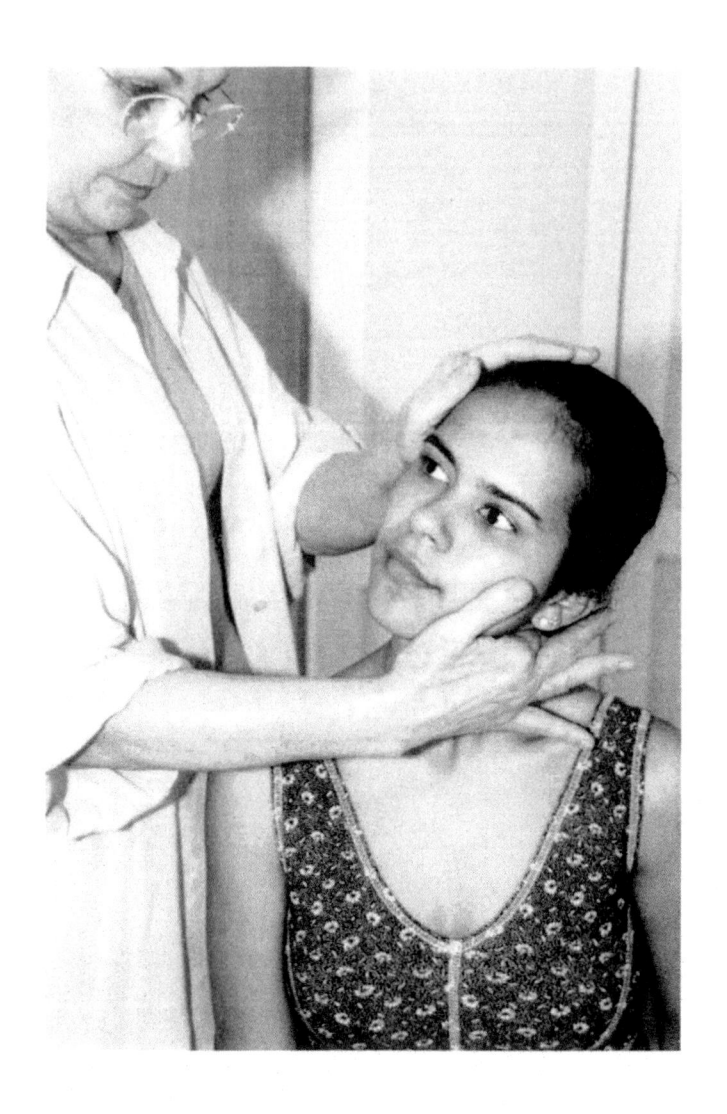

AJUSTE GERAL PARA CERVICAL EM ROTAÇÃO II

Muito forte, devendo ser usado apenas em pacientes muito tensos, com os quais é impossível chegar ao limite do movimento espontaneamente.

• Paciente sentado, pés plantados, coluna ereta, cabeça alinhada.

• Terapeuta de pé, do lado contrário do bloqueio, de frente para o ombro do paciente.

• Mão Ativa (a mão que fica à frente do paciente), com dedo médio sobre o processo articular da vértebra bloqueada, dedos afastados, polegar em frente ao ouvido.

• Mão de Apoio invertida, espalmada no crânio sobre o parietal (dedos para baixo), punho e antebraço descansam sobre o crânio.

• Execução: terapeuta gira a cabeça em rotação para o lado contrário ao bloqueio, mantendo firme o contato, enquanto a mão de apoio com um movimento de punho, dá ligeiro e breve impulso no sentido contrário.

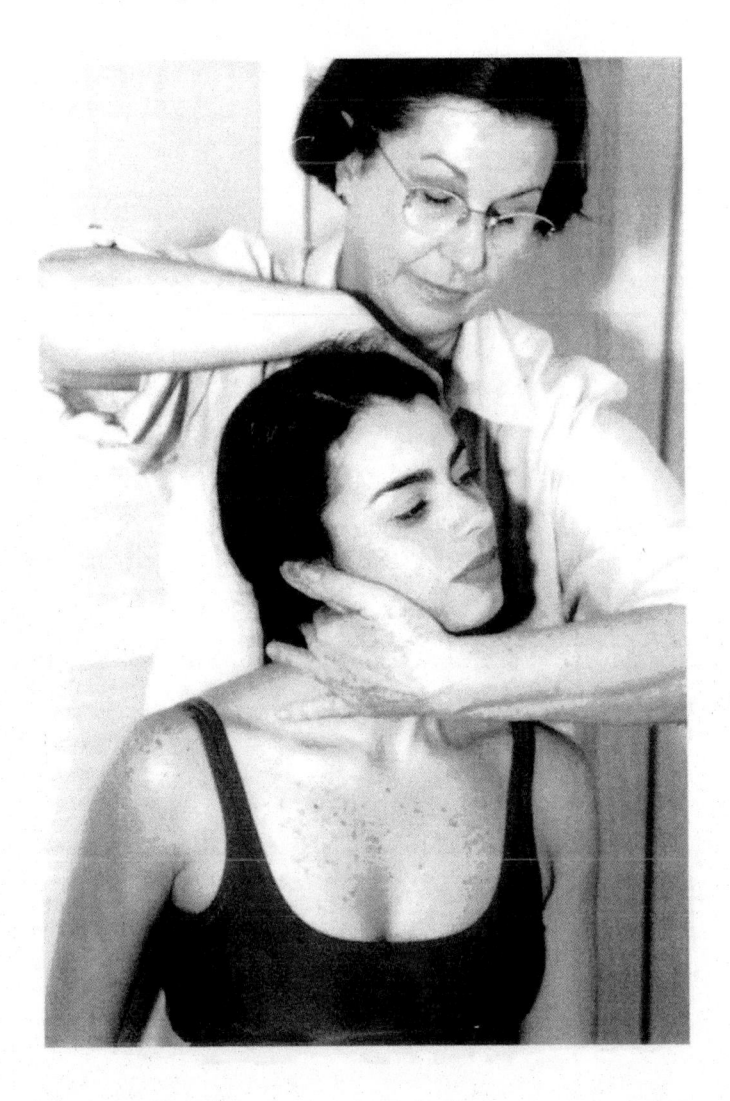

AJUSTE GERAL PARA CERVICAL EM ROTAÇÃO III

Para C1 até C6 em rotação.

• Paciente sentado, pés plantados, mãos sobre as coxas, corpo ereto, ombros relaxados, cabeça rotacionada com o bloqueio para a frente.

• Terapeuta às costas, pés paralelos entre si e bem apoiados, cabeça do paciente apoiada em seu diafragma.

• Mão Ativa com dedo médio sobre a fixação.

• Mão de Apoio reforçando o contato.

• Execução. O ajuste é feito com três movimentos sincronizados: uma tração axial para tirar a folga, uma leve flexão lateral (sobre o bloqueio), arrematados por um impulso cefálico (no sentido do topo da cabeça).

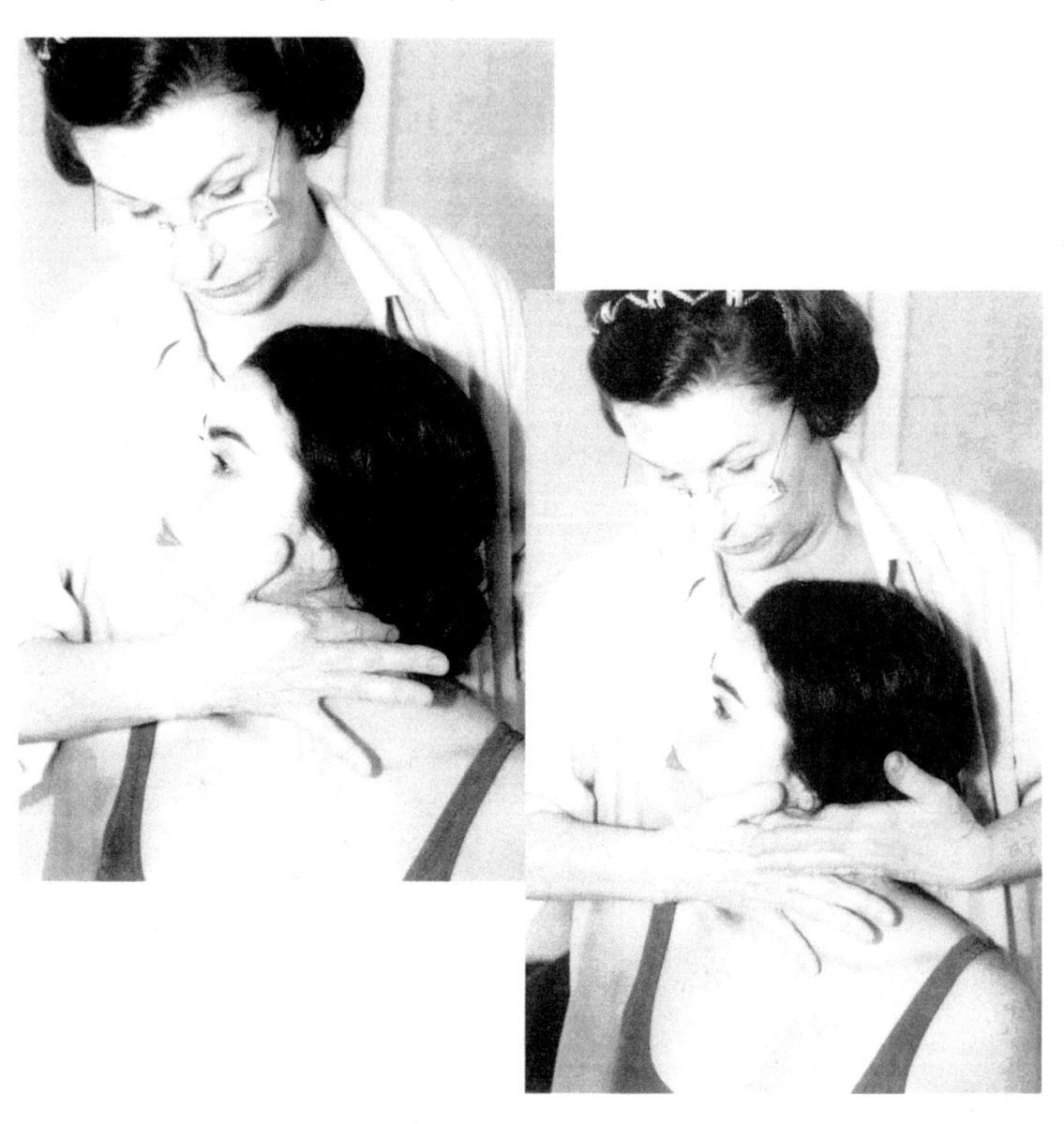

AJUSTE GERAL PARA CERVICAL EM ROTAÇÃO PÓSTERO-ANTERIOR I

Recomendado para pacientes com restrição de movimentos em rotação.

• Paciente debruçado, rosto na fenda da mesa, braços dependurados, pernas ligeiramente afastadas.

• Terapeuta à cabeceira da mesa de ajustes, de frente para ela.

• Mão Ativa (a do lado do bloqueio) remove o tecido mole e contatando o seguimento desejado com o indicador, gira ao máximo a cabeça, deixando o bloqueio para baixo.

• Mão de Apoio fica espalmada no crânio, sobre o temporal e a orelha, do lado contrário ao bloqueio.

• Execução: o movimento é restaurado num impulso em que a mão de apoio se movimenta em leve tração axial, enquanto a mão ativa se movimenta em rotação.

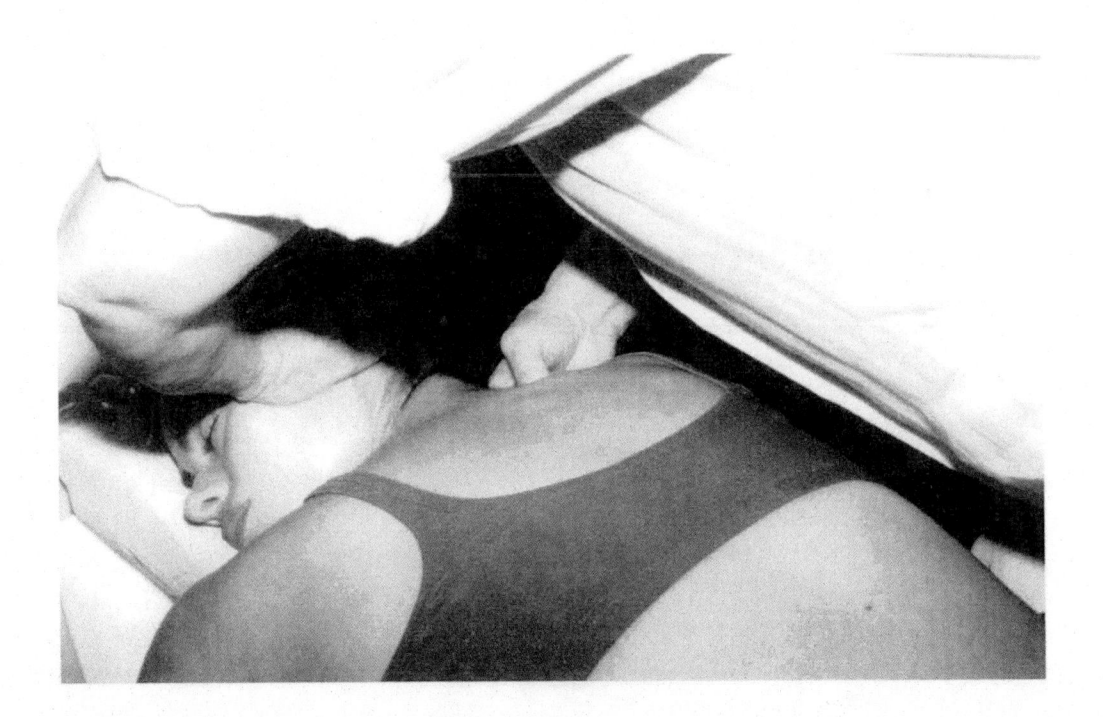

AJUSTE GERAL PARA CERVICAL EM ROTAÇÃO PÓSTERO-ANTERIOR II

Indicado para pacientes com restrição no movimento de rotação; é o ajuste mais usado pelos quiropráticos brasileiros que o praticam sentados à cabeceira da maca. É de fácil execução e muito abrangente, pois ajusta todas as cervicais.

• Paciente supino, mãos descansando sobre o peito, pernas ligeiramente afastadas.

• Terapeuta de pé à cabeceira da mesa, debruçado sobre o paciente, peso do corpo distribuído igualmente nos dois pés.

• Mão Ativa afasta o trapézio e contata a falange do indicador no arco posterior do seguimento bloqueado.

• Mão de Apoio com o indicador no mesmo nível do lado contrário, suporta a cabeça, estabilizando-a.

• Execução: a cabeça é girada (mais ou menos 25º) para o lado contrário ao bloqueio. Terapeuta muda o peso de seu corpo para o lado contrário ao bloqueio e dá pequeno e rápido impulso em rotação.

Obs.: O contato da mão ativa pode ser efetuado também com o pisiforme.

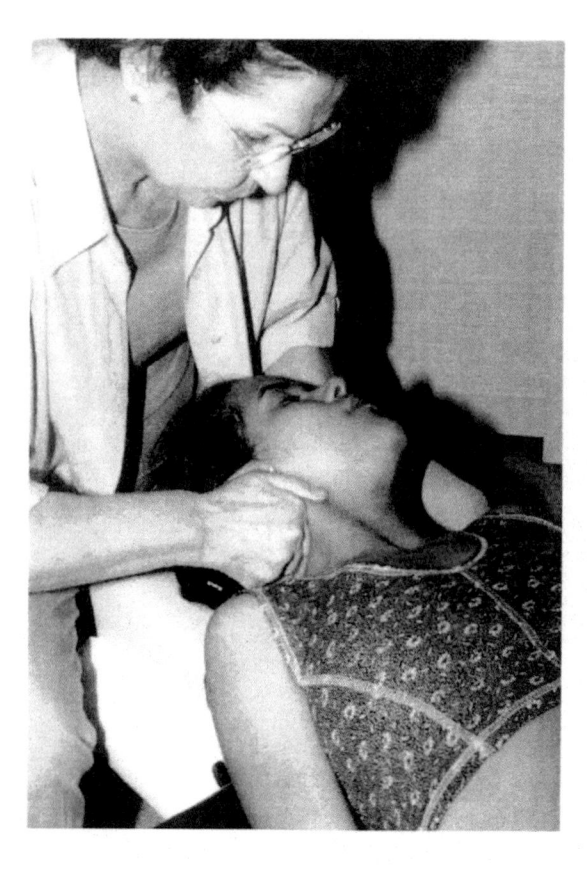
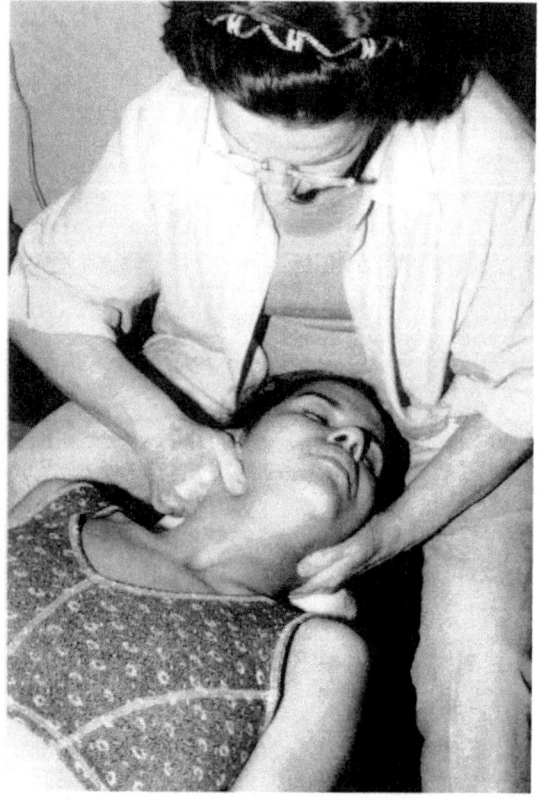

AJUSTE GERAL DE EXTENSÃO AXIAL

Ajuste para todas as cervicais que perderam a mobilidade em extensão axial (longitudinal). Por sua delicadeza é indicada para idosos e crônicos.

- Paciente supino, mãos sobre o peito, pernas ligeiramente afastadas.

- Terapeuta sentado à cabeceira da mesa de ajustes.

- Ambas as Mãos com dedos médios sobre os arcos posteriores da mesma vértebra (cada mão de um lado da raque, enlaçando o pescoço, polegares sobre o processo transverso).

- Execução: as duas mãos se movimentam no sentido axial, restaurando o jogo articular.

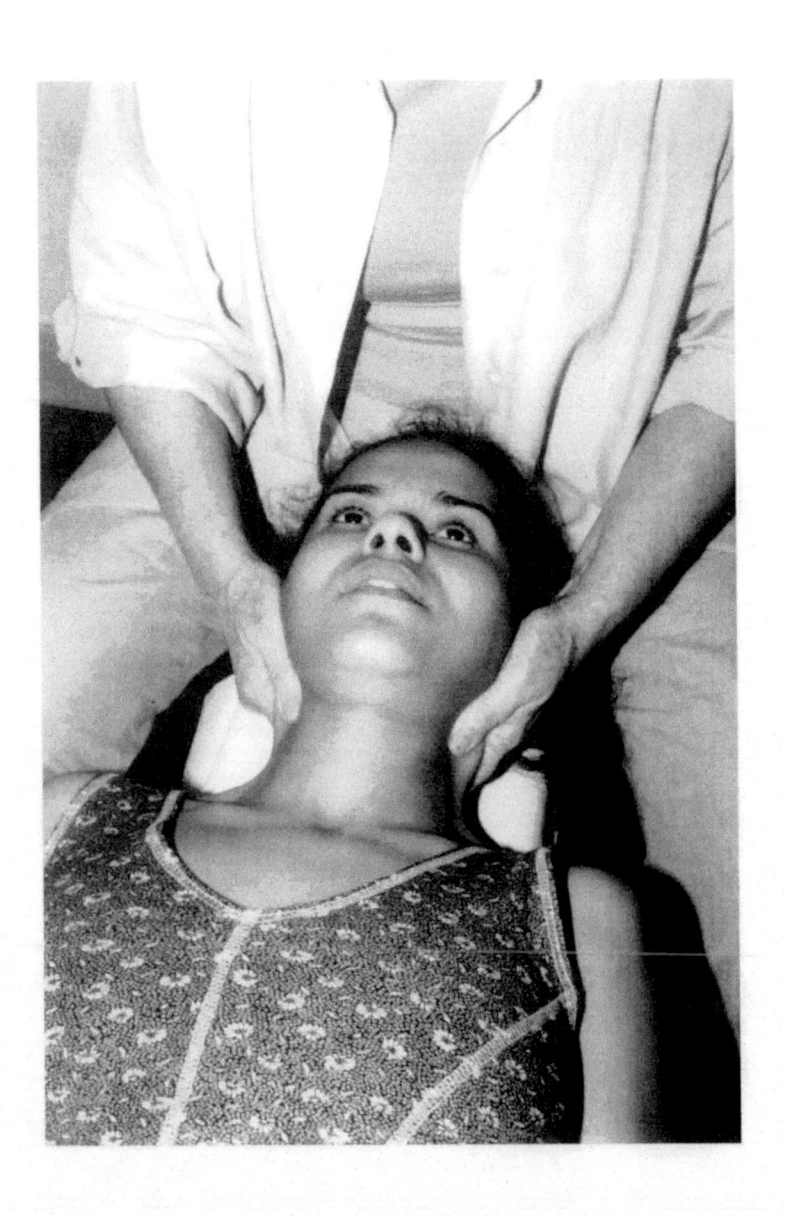

AJUSTE GERAL PARA CERVICAL LATERAL POSTERIOR

• Paciente supino, mãos descansando sobre o peito, pernas ligeiramente separadas, cabeça rotacionada com a subluxação para cima.

• Terapeuta ao lado da mesa, à nuca do paciente, debruçado sobre ele.

• Mão Ativa afasta o tecido mole do processo articular na vértebra bloqueada com a ponta do dedo indicador, colocando aí o polegar (para melhor contato). As palmas da mão sobre a face, os dedos anular e mínimo sob a mandíbula.

• Mão de Apoio com a palma abarcando o ouvido, dedos em volta do occipício e cervicais superiores.

• Execução: enquanto o polegar da mão ativa se movimenta para baixo (no desbloqueio lateral) ou em oblíquo e para baixo (no desbloqueio posterior), a mão de apoio se movimenta em direção ao topo da cabeça e o punho faz um ligeiro movimento ascendente.

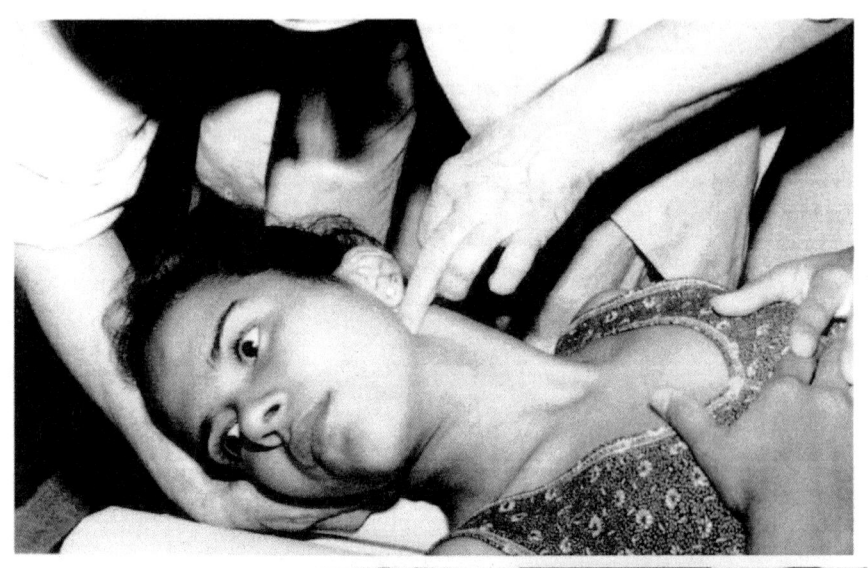

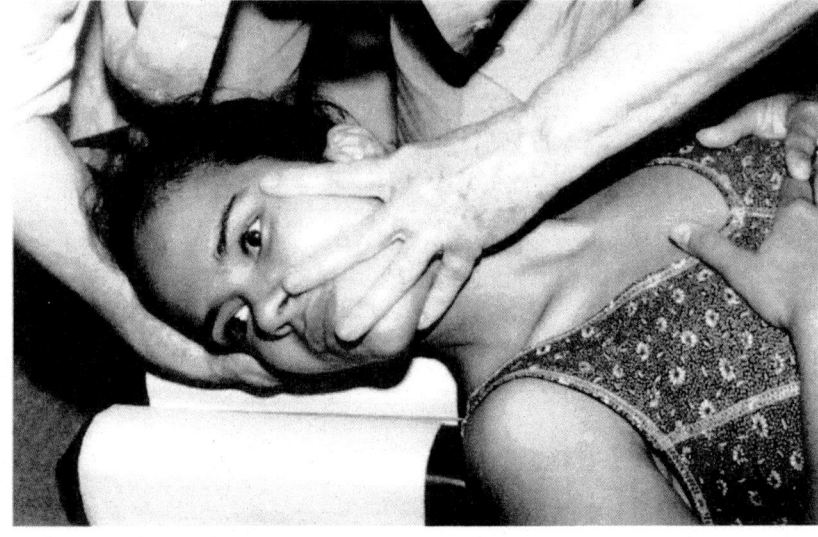

CAPÍTULO 14

PROCEDIMENTO PARA AS ALGIAS DO OMBRO

TESTES PARA ALGIAS DO OMBRO

(Começar o teste pelo ombro que não dói)

1. MOVIMENTO ATIVO/PASSIVO COM AMPLITUDE NORMAL.
(Paciente eleva cada braço ao máximo e em rotação o coloca às costas no máximo).

Terapeuta observa se:
A) Existe dor.
B) Existe redução em um dos movimentos.

Se dói apenas o ombro.
• Bloqueio de C4.

Se a dor se irradia para o lado externo do braço, pode ser:
• Bloqueio cervical homolateral entre C7 e C5 inclusive.

Se a dor se irradia para a parte interna do braço, pode ser:
• Bloqueio entre T2 e C7.

Se a dor ocorre ao colocar o braço para trás, pode ser:
• Bloqueio Local ou entre T1 a T3.

Se a dor acontece em um ponto do movimento, depois pára, pode ser:
• Bloqueio Torácico.
• Acunhamento Interno. O tratamento recomendado neste caso é massagem.
• Bursite Crônica. O tratamento recomendado neste caso é deep massage, mobilização além dos ajustes específicos da cervical é túnel carpiniano.

2. MOVIMENTO ATIVO/PASSIVO COM AMPLITUDE REDUZIDA.

Terapeuta observa:
Se alguns movimentos são impossíveis, mas com a ajuda são completados, pode ser:
• Paralisia ou ruptura da corda dos rotatores, e neste caso não há nada a fazer.

Se a amplitude é diminuída pela dor, mas com a ajuda do Terapeuta pode ser completada, pode ser:
• Bloqueio da Raque.

Se o início da dor for rápido com alguns movimentos limitados, pode ser:
• Bursite (a crise dura mais ou menos 30 dias com ou sem tratamento). O procedimento consiste em ajuste cervical específico (C5/C6, C6/C7 e C7/T1), ajuste do túnel carpiniano e deep massage diversas vezes ao dia.

Se todos os movimentos são muito limitados, pode ser:
* Capsulite ou Espádua Congelada, cujo tratamento consiste no desbloqueio local, mais desbloqueio da raque e mobilização diversas vezes ao dia.

3. TENSIONAMENTO E CONTRAÇÃO ESTÁTICA.

(O paciente faz um movimento enquanto o terapeuta se opõe delicadamente a ele com igual força).

Se Doer, pode ser:
* Tendinite, cujo tratamento consiste no desbloqueio cervical, torácico, deep massage, além do alongamento do tendão.

PROVAS DE FUNÇÃO MUSCULAR PARA "DEEP MASSAGE"

Se dói na:
1. Elevação do braço a 90° com abdução ou abdução horizontal.
   * Deep Massage sobre o Supra-espinhoso ou Deltóide.

2. Elevação do braço na horizontal (adução horizontal).
   * Deep Massage sobre o Grande Peitoral.

3. Elevação do braço com flexão do ombro.
   * Deep Massage no Coracobraquial ou Deltóide (fibras anteriores).

4. Flexão do cotovelo (antebraço flexionado sobre o braço).
   * Deep Massage no Bíceps ou Braquial Anterior.

5. Extensão do cotovelo.
   * Deep Massage no Tríceps.

6. Cotovelo junto ao corpo, na rotação lateral do ombro.
   * Deep Massage no Infra-espinhoso ou Pequeno redondo.
   * Pode tratar-se também de uma Capsulite.

7. Cotovelos junto ao corpo, na rotação interna (medial) do ombro.
   * Deep Massage no Subescapular.

8. Extensão do punho.
   * Deep Massage nos extensores: longo e curto radiais e Cubital do carpo. Não ilustrados (de um a quatro dedos abaixo do cotovelo, em alinhamento com o polegar).

9. Flexão do punho.
   * Deep Massage no Grande Palmar ou Cubital e Radial do carpo. Não ilustrados (alinhados com o dedo mínimo desde o epicôndilo medial do ulna até o túnel carpiniano).

FUNÇÃO MUSCULAR DO OMBRO

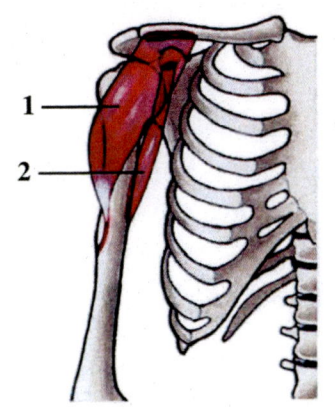
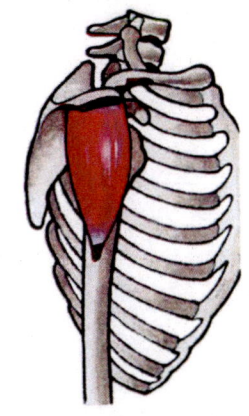
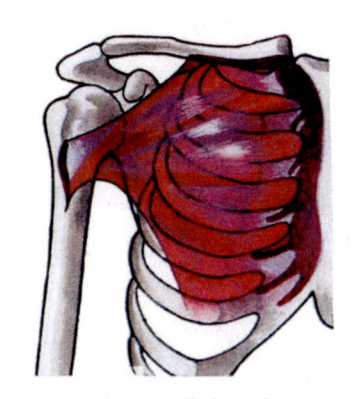

1 - Deltóide 2 - Coracobraquial
(vista anterior)

Deltóide (fibras médias)
(vista lateral)

Grande Peitoral
(vista anterior)

Deltóide (fibras anteriores). Tem origem na borda ântero-superior do terço lateral da clavícula e inserção na proeminência deltóide sobre a parte medial externa da diáfise do úmero. O nervo (Axilar), emerge de C5/C6.

Coracobraquial. Tem origem no ápice da apófise coracóide e inserção na borda do úmero, oposta à inserção do deltóide. A inervação (Musculocutâneo) emerge de C6/C7.

Os músculos acessórios são Deltóide (fibras médias), Grande Peitoral (fibras claviculares), Bíceps Braquial, Dentado Anterior e Trapézio.

Deltóide (fibras médias). Tem origem na parte lateral e superior do acrômio e a inserção no tubérculo deltóide na parte externa da diáfise do úmero. A inervação (Axilar) emerge de C5/C6.

Grande Peitoral. Tem origem na parte anterior esternal da clavícula, na metade da largura da superfície ventral do esterno até as 6ª e 7ª costelas e na cartilagem desde a 1ª até a 6ª costelas e a inserção na crista do grande tubérculo do úmero. A inervação (Peitoral medial e lateral) emerge desde C5 até T1.

O músculo acessório é Deltóide (fibras anteriores).

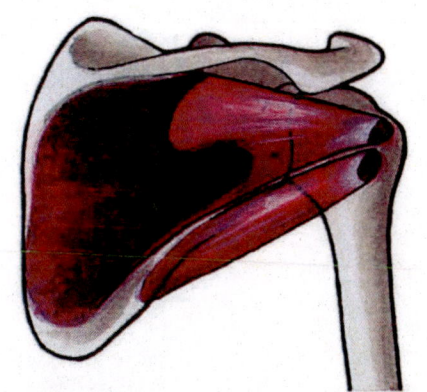
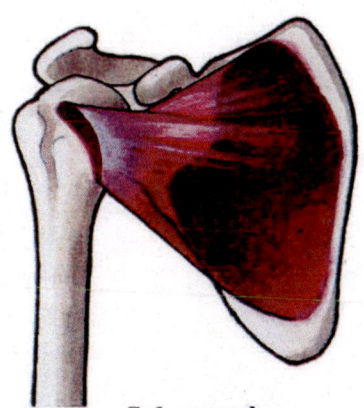

1 - Supra-espinhoso 2 - Pequeno redondo
(vista dorsal)

Subescapular
(vista costal)

Supra-espinhoso. Tem origem na fossa infra-espinhosa e inserção no grande tubérculo do úmero. A inervação (Supra-escapular) emerge de C5/C6.

Pequeno Redondo. Tem origem na borda axilar da escápula e a inserção no grande tubérculo do úmero na parte posterior da cápsula do ombro. A inervação (Axilar) emerge de C5.

O músculo acessório é o Deltóide (fibras posteriores).

Subescapular. Tem origem na superfície costal e no sulco da borda axilar da escápula e inserção no pequeno tubérculo do úmero e na cápsula de articulação do ombro. A inervação (Subescapulares Inferior e Superior) emergem de C5/C6.

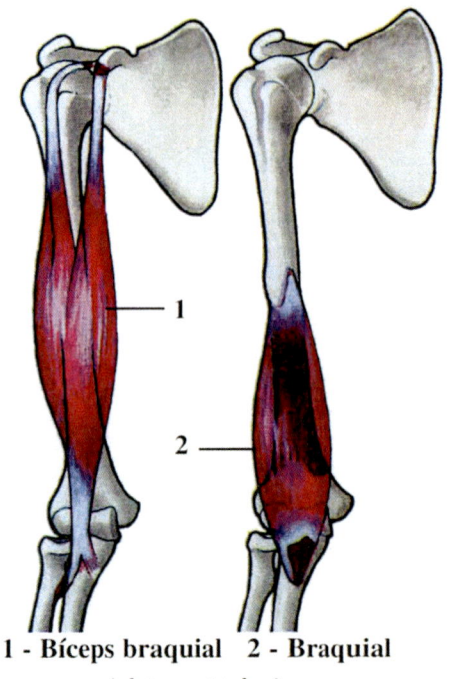 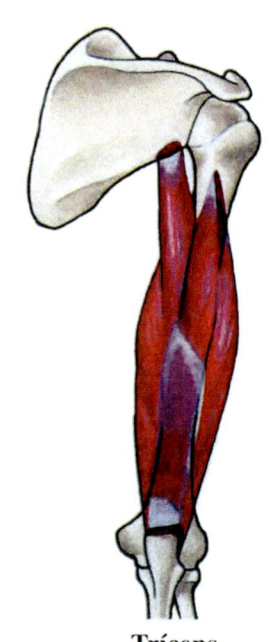

1 - Bíceps braquial   2 - Braquial
(vista anterior)

Tríceps
(vista posterior)

Bíceps. Tem origem no tendão achatado do ápice da apófise coracóide da escápula e no tendão da tuberosidade supraglenóide da escápula. A inserção é na porção posterior da tuberosidade do rádio e na aponeurose do Bíceps Braquial. A inervação (Musculocutâneo) emerge de C5 e C6.

Braquial. Tem origem na face anterior do úmero e a inserção na tuberosidade do ulna e superfície anterior da apófise coronóide. A inervação (Musculocutâneo) emerge de C5 e C6.

Tríceps (Porção longa). Tem origem na tuberosidade infraglenóidea da escápula.

(Porção lateral). Tem origem desde a diáfese do úmero proximal até o sulco do nervo Radial.

(Porção Medial). Tem origem desde a diáfese do úmero distal até o sulco do nervo Radial. A inserção das três porções é na superfície proximal posterior do olecrânio, e na expansão fibrosa para o Fáscia profundo do antebraço. A inervação (Radial) emerge de C7 e C8.

146

MOBILIZAÇÕES DO OMBRO

Todas as articulações podem ser mobilizadas, sem entretanto chegar ao ajuste. Este procedimento é suave, composto de leves rotações e pequenas trações, por isto mesmo altamente recomendável para pessoas idosas, pacientes em crise e doentes crônicos. Funcionam como paliativo na impossibilidade de se efetuar a redução, ou como procedimento pré-manipulativo.

No caso de uma limitação no movimento de um ombro por uma razão local, como, por exemplo, uma capsulite, após os ajustes necessários da raque, o melhor procedimento ainda é o da suave mobilização.

Esta movimentação pede três exercícios consecutivos, que devem ser executados de quatro a cinco vezes ao dia, portanto, é necessário a ajuda de um familiar.

• Paciente sentado sobre uma banqueta, o braço do lado do bloqueio junto ao corpo, antebraço flexionado com a mão descansando sobre o ombro subluxado.

• Terapeuta em pé atrás do paciente, tronco encostado e amparando sua espádua.

• Ambos os braços contornam como que abraçando o paciente, mãos com os dedos entrelaçados apoiam o cotovelo.

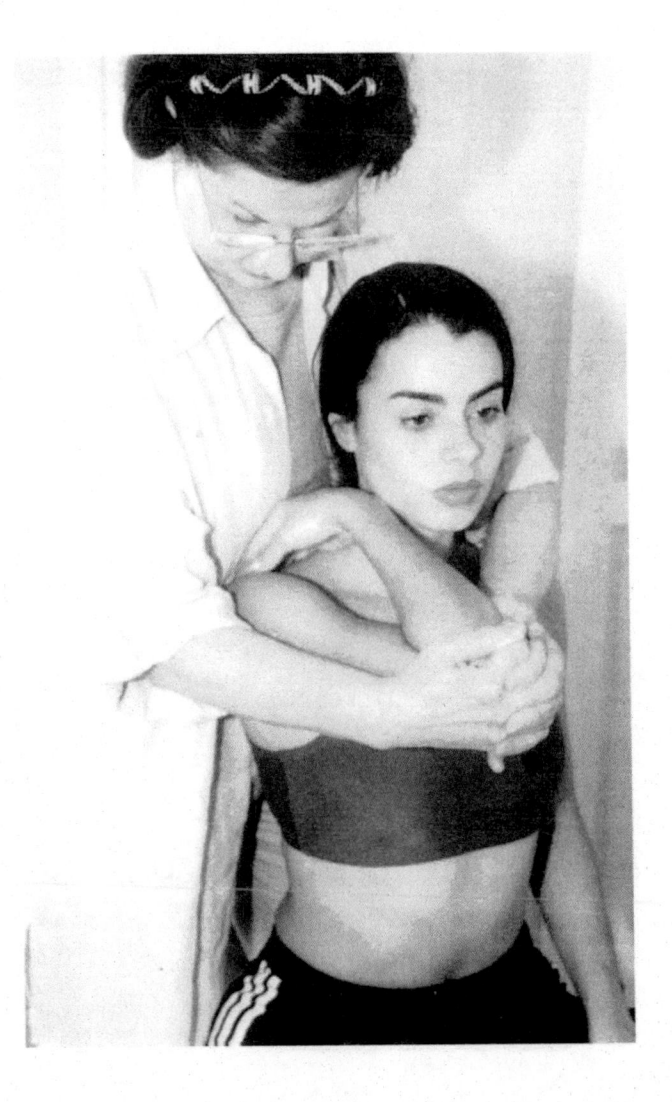

• Execução I: terapeuta executa uma pressão ascendente sobre o cotovelo, provocando ligeira movimentação inferior-superior do ombro e repete este movimento algumas vezes. Levanta o cotovelo num ângulo de 10° e pressiona novamente por mais quatro ou cinco vezes, desta vez a movimentação do ombro será ligeiramente oblíqua. Muda o ângulo para 45° e volta a pressionar mudando a movimentação para um pouco mais oblíqua. Muda o ângulo para 90° e exerce a pressão ântero-posterior, sempre repetindo a movimentação por algumas vezes. Caso seja possível, muda o ângulo para 180° e exerce a pressão no sentido superior-inferior, repetindo cada movimento por quatro ou cinco vezes.

• Paciente levanta o braço bloqueado lateralmente a 90° (se necessário com a ajuda do terapeuta) e dobrando o cotovelo, tenta colocar a mão atrás da cabeça.

• Terapeuta atrás do paciente, com o tronco apoiando o omoplata homolateral, o mantém assim durante toda a mobilização.

• Mão de Apoio segura o ombro contralateral.

• Mão Ativa abarca o cotovelo do braço subluxado.

• Execução II: a mão ativa traciona o braço pelo cotovelo ao máximo (sem provocar dor e suavemente) e o empurra para frente também ao máximo. Como as anteriores, esta movimentação é repetida diversas vezes.

• Paciente de pé, os dois braços pendendo ao longo do corpo, relaxados.

• Terapeuta em pé, ao seu lado, ligeiramente atrás, de tal forma que possa introduzir o punho da mão de apoio sob a axila do lado bloqueado.

• Mão Ativa segura o braço homolateral na altura do cotovelo.

• Execução III: a mão ativa pressiona no sentido do tronco. Esta movimentação também é repetida diversas vezes.

O terapeuta e o familiar que forem executar esta série de movimentos, têm que ter em conta que o limite do paciente precisa ser sempre respeitado e que devem evitar movimentos bruscos ou pressões mais vigorosas, que possam provocar desconforto.

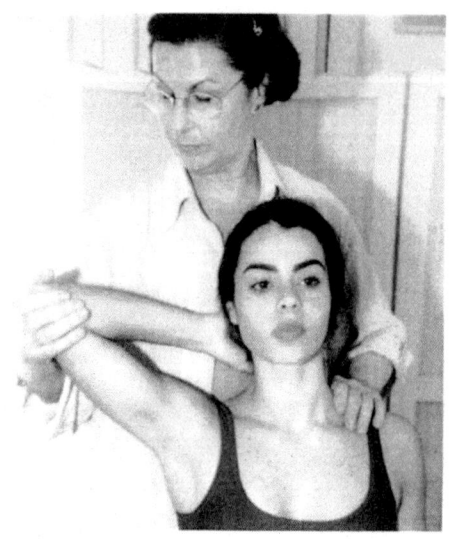 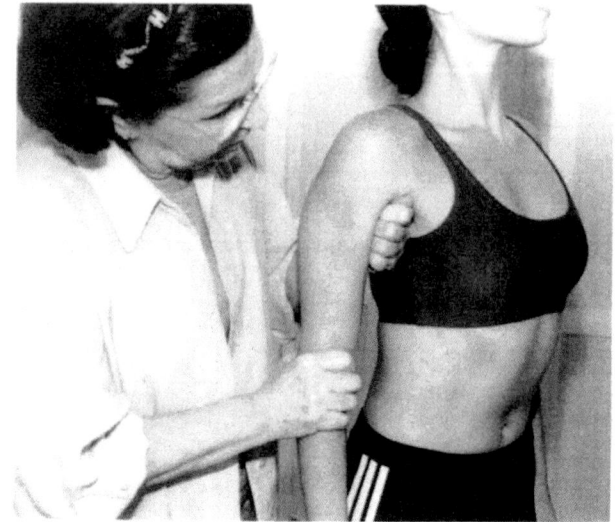

ALONGAMENTO DOS TENDÕES

O alongamento dos tendões é o procedimento mais importante no tratamento da tendinite, logo após o desbloqueio cervical (nas algias acima do cotovelo) ou torácico (nas algias abaixo dele). O procedimento é muito simples e de fácil execução.

• Paciente de pé, peso bem dividido, os dois braços caídos e relaxados.

• Terapeuta em pé, ao lado do paciente e de frente para o braço que será manipulado.

• Mão de Apoio segura a mão do paciente, flexionando-a ao máximo, pelo punho. O braço não deverá ficar esticado de todo, conservando pequena folga.

• Mão Ativa abarca o cotovelo, dedos repousando sobre a cabeça do Rádio.

• Execução: enquanto a mão de apoio mantém o punho flexionado, a mão ativa empurra rapidamente o cotovelo para a frente. Às vezes se ouve um pequeno clique confirmando o alongamento.

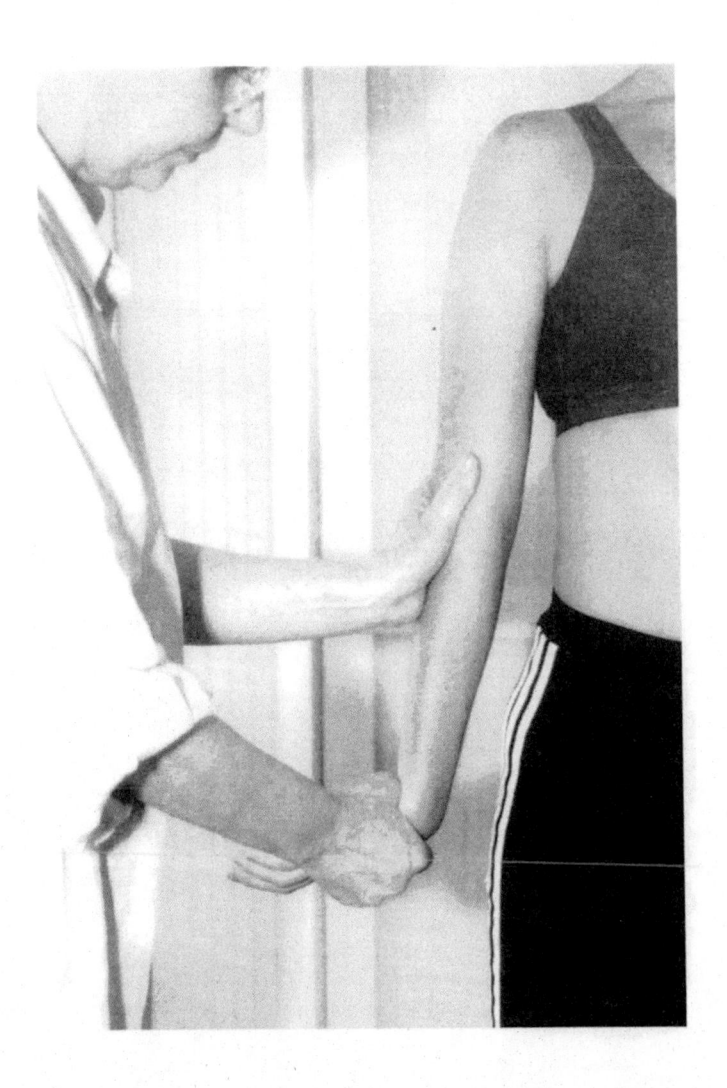

Impresso em off-set

HR
H. Scaletto e Ed Ind

Rua Serra de Paracaina, 716 – Mooca - São Paulo – SP – CEP 03107-020
Fone/Fax: (11) 3341-6444   Email: hrgrafica@uol.com.br
www.hrgrafica.com.br

com filmes fornecidos pelo editor

BIBLIOGRAFIA

ANOTAÇÕES DE DIVERSOS CURSOS LIVRES DE QUIROPATIA - ministrados por M. Matheus de Souza - IBRAQUI – 1993, 1994, 1995, 1996.

ANOTAÇÕES DE CURSO DE KINESIOLOGY - Multiversity of India - 1996.

ANOTAÇÕES E GRAVAÇÕES DE CURSO DE KINESIOLOGIE - Département Universitaire des Médecines Naturelles (Université de Paris XIII), França - 1996.

ATLAS DE ANATOMIA HUMANA - G.Wolf-Heidegger - Guanabara-Koogan - 1978.

BASIC CHIROPRATIC PROCEDURAL MANUAL - R.C. Schafer - American Chiropratic Association - Arlington - 1984.

CHIROPRATIC PRINCIPLES AND TECHNIC - J. Janse, Houser and Wells - National College of Chiropratic - Chicago - 1947.

DR. FAYE TECHNIQUE – F. J. Faye – Dynaspine – vídeos - 1987

ESPINHA CERVICAL, Apalpação de Movimentos e Técnicas Quiropáticas - R.C. Schafer - American Chiropratic Association - Arlington - 1989 - Edição e tradução IBRAQUI.

EXTREMIDADES SUPERIORES E INTRODUÇÃO À TERAPIA BIOCRANIAL - dos seminários I e II de quiropatia por M. Matheus de Souza - IBRAQUI - 1994, 1995.

FISIOLOGIA ARTICULAR - I.A.Kapandji - Manole - 1980.

INICIAÇÃO À QUIROPATIA, Filosofia, Ciência e Arte de Curar com as Mãos - M.Matheus de Souza - IBRAQUI.

INTRODUÇÃO À QUIROPATIA - dos seminários I e II de quiropatia por M.Matheus de Souza - IBRAQUI - 1994, 1995.

KINESIOLOGY - J.B. Morehouse, J.M. Cooper - Saint Louis - Mosby - 1950.

MANUAL OF STRUTURAL KINESIOLOGY - Clem Thompson - Carolina Science - 1994.

NOVA MEDICINA VERTEBRAL - André de Sambucy - Dangles - tradução e edição IBRAQUI .

PRÁTICA DA MEDICINA MANUAL - J.E.H. Niboyet - Ecole Française D'Osteopathie - tradução de Olympia Salete Rodrigues, edição IBRAQUI.

PROVAS DE FUNÇÃO MUSCULAR - Técnicas de Exame Manual - Daniels & Worthingham - Guanabara Koogan - 5ª edição.

QUIROPRÁTICA - Arthur G. Scofielf - Anglo European College - Inglaterra - tradução e edição IBRAQUI.

QUIROPRÁTICA, Procedimentos, Práticas e Técnicas em relação à Espinha e Pelve - Alfred Z.States - National College of Chiropratic - Chicago, USA - tradução e edição IBRAQUI .

REGIÃO CERVICAL DA COLUNA VERTEBRAL - dos seminários de quiropatia I e II, por M.Matheus de Souza - IBRAQUI - 1994, 1995.

REGIÃO SACRO-ILÍACA E EXTREMIDADES INFERIORES - dos seminários de quiropatia I e II, por M.Matheus de Souza - IBRAQUI - 1994, 1995.

REGIÃO TÓRACO-LOMBAR - dos seminários de quiropatia I e II, por M.Matheus de Souza - IBRAQUI - 1994, 1995.

THE HUMAN MACHINE - A.R. MacNeill - Flórida, USA - Hard - 1992.

Contatos com:
Elza A. Castro
Quiroclinica
Tel.: 55 011 3486-2200 / 3159-2514 / 9947-4989
quiroclinica@quiroclinica.com.br
www.quiroclinica.com.br